전도, 메시아 예수를 전하라!

전도, 메시아 예수를 전하라

초판 1쇄 2016. 06. 30

지은이/ 하도균
펴낸이/ 선주형
펴낸곳/ 도서출판 소망사
등록/ 제2015-000048호(2015. 9. 16)
주소/ 서울 마포구 독막로 331 마스터즈타워 1903호
전화/ 392-4232 팩스/ 392-4231
E-mail/ somangsa77@hanmail.net

정가 12,000원

Printed in Korea
ISBN 979-11-956881-4-2 03230

전·도·자·세·우·기-워·크·북·시·리·즈 ⑥

전도,
메시아 예수를 전하라!

−이사야 53장에 기록된 메시아 예수−

하도균 지음

소망사

|서 문|

　복음전도는 교회성장의 수단이 아니라, 교회가 오늘날 세상에 존재해야 할 가장 중요한 이유가 됩니다. 복음전도의 기본적인 의미는, '기독교의 도(道)', 즉 '복음'을 전하여 영혼을 구원하는 일인데, 이것은 예수께서 이 땅에 오신 목적과 같기 때문입니다. 그런데 오늘날 그리스도인들은 복음전도에 관한 오해가 있는 것 같습니다. 복음전도를 단순히 사람들을 교회로 인도하는 행위로만 생각하며 교회성장의 도구나 수단으로 취급하는 경향이 있기 때문입니다. 주객(主客)이 전도(顚倒)되면 본질도 희미해지거니와, 그 내용의 실천은 더욱 어려워집니다. 오늘날 교회에서 전도가 힘들어졌다는 이야기들이 나오는 가장 중요한 이유도 여기에 있다고 보여 집니다.

　그렇다면 복음이 무엇입니까? 이 질문은 참 어려운 질문 중에 하나입니다. 왜냐하면 '복음'이라는 단어가 주로 사용된 것은 신약성경인데, 신약성경은 '복음'이라는 단어를 한 단어만으로 사용하지 않았기 때문입니다. 신약성경에서 '복음'이라는 단어로 가장 많이 사용된 단어 중에 하나가 '유앙겔리온'이라는 그리스어입니다. 이 단어의 의미는 '기쁜 소식'입니다. 그래서 많은 그리스도인들에게 '복음'이 무엇이냐고 묻는다면, '기쁜 소식'이라고 답하는 이유도 여기에 있습니다.[1] 그렇다면 무엇이 기쁜 소식입니까? 즉, 복음의 핵심내용이 무엇이냐는 것이지요. 신약성경의 최고의 전도자인 바울사도에 의하면, 그는 복음의 핵심 내용이 '예수 그리스도의 십자가와 부활'이라고 하였습니다. 즉, 예수께서 우리를 위하여 십자가에 죽으시고 부활하신 사건이 우리 인류의 가장 기쁜 소식이라는 것입니다. 메시아이신 예수 그리스도가 복음의 핵심이며, 그분께서 인류를 위하여 행하신 핵심적인 사역이 복음의 핵심 내용이 된다는 것입니다.

이렇게 보자면, 복음전도에 있어서 가장 중요한 일중에 하나는 복음의 내용의 핵심인 예수님을 알고 경험하는 일이라고 할 수 있습니다. 메시아 예수께서 복음의 핵심이 되시기 때문입니다. 그러나 메시아 예수를 알고 경험하는 일은 꼭 전도를 위해서만 중요한 일은 아닙니다. 우리가 가지고 있는 신앙 안에서 믿음을 든든히 하고 성장하기 위해서도 꼭 필요한 일이기 때문입니다. 우리의 신앙의 핵심도 메시아 예수요! 신앙을 든든히 하고 성장하기 위해서도 필요한 분이 메시아 예수입니다. 그렇기에 복음전도를 위한 준비와 실천은 우리의 신앙과 떼어서 생각해서는 안 되며, 우리의 신앙을 건강히 하고 성장시키는 방편이 된다는 것을 알아야 합니다. 역으로, 우리의 신앙이 건강하지 못하고 예수님과의 관계가 소원해 지면 복음전도에 방해물이 되기도 합니다. 복음전도는 나를 변화시키고 성장시키고 있는 메시아 예수에 관한 내용을 전하는 일이기 때문입니다.

  그렇다면 우리는 메시아 예수를 얼마나 많이 알고 있으며, 얼마나 구체적으로 알고 있습니까? 우리에게 메시아 예수는 누구입니까? 그분은 어떻게 이 땅에 오셨으며, 어떠한 모습으로 오셨고 그 이유는 무엇입니까? 그분께서 이 땅에 오신 목적을 성취하기 위한 방법은 무엇이었습니까? 메시아이신 예수께서 이 땅에 오셔서 고난을 당하시고 아픔을 경험하신 이유는 무엇입니까? 그분은 어떠한 자세와 태도로 자신의 목적을 성취하셨습니까? 메시아 예수와 하나님과의 관계는 어떠하셨습니까? 그분이 세상의 구원을 위하여 완성하신 내용은 무엇입니까? 이러한 질문들은 실제로 복음 전도에 바탕이 되는 기본적인 질문입니다. 그리고 우리의 신앙에 있어서도 가장 기본이 되는 질문입니다. 그러나 성경을 중심으로 깊이 있게 묵상하고 정리하지 못하였다면 쉽게 답할 수 없는 질문들이기도 합니다. 하지만 분명히 알아야 할 것이 있습니다. 우리가 전할 메시아 예수에 대하여 가장 정확하고 분명하게 알고 있다는 것은, 우리가 세상을 행하여 전할 메시지를 분명히 하는 일이며 그것에 확신을 주는 일이기도 하다는 것입니다.

  이에 본 저서는 이사야 53장에 기록된 말씀을 가지고 메시아 예수에 관하여 기술하였습니다. 이사야 53장은 이사야가 예언한 내용가운데 메시아이신 예수께서 어떤 분이신지를 집중적으로 기록해 놓은 글이기 때문입니다. 구속사적인 입장에서 보자면, 이사야 53장은 이사야 선지자 이후, 약 700년 후에 오실 메시아 예수께서 어떤 분이신지를 가장 상세하게 서술한 성경이라고도 할 수 있습니다. 그래서 이사야 53장은 메시아 예수와 관련하여 여러 '애칭(愛稱)'을 가지고 있기도 합니다. '메시아의 장(場)', 혹은 '고난의 종'의 장이라고도 불려 집니다. 필자는 이러한 이사야 53장의 내용을 분석하여, 세상에 복음을 전하려는 전도자의 자세가 어떠해야하는지, 특별히 한 사람 한 사람을 대하는 전도자의 태도는 어떠해야하고, 세상을 어떠한 시각으로 보아야 하는지도 제시하였습니다. 그것은 복음전도를 위하여 필자가 자의적으로 제시한 것이 아니라, 메시아 예수께서 이 땅을 구원하시기 위하여 보여주신 자세이고 태도입니다. 전도자들은 이러한 예수님의 모습을 배우면 됩니다. 또한 하나님께서 이사야 선지자를 통하여 말씀하시려고 하였던 예수님에 관한 내용이 무엇이었는가를 제시하였습니다. 그렇기에 본 저서는 메시아이신 예수님에 관하여 성경적인 입장에서 그 내용을 제시한 저서이며, 또한 복음전도의 입장에서 그 내용을 분석하여 실제에 적용할 수 있도록 제시한 저서라고 할 수 있을 것입니다. 모쪼록 본 저서를 통하여 교회의 복음전도가 활성화될 수 있기를 소원해봅니다. 왜냐하면 메시아 예수를 알고 경험할 수 있다면, 복음의 능력이 회복되어지며 교회가 건강해 지기 때문입니다.

'전도! 사람을 교회로 인도하는 행위만이 아닌, 우리의 구원자이신 메시아 예수를 전하는 일이 되어야합니다.' 그 안에 생명이 있으며, 사람을 살리고 회복시키는 능력이 있기 때문입니다.

차 례

서문 / 4

1장: 약속의 메시아 예수(53:1)

    1.1 왜 다시 원초적인 복음인가? / 15
    1.2 메시아 예수에 관해 전해진 소식들 / 22
    1.3 실패가 없으신 하나님과 믿지 않는 백성들 / 27

2장: 연한 순과 같은 메시아 예수(53:2a)

    2.1 연약함에 담겨 있는 성육신의 비밀 / 36
    2.2 연약함에 담겨 있는 생명력 / 40
    2.3 연약함에 담겨 있는 잠재력 / 45
    2.4 연약함에서 배우는 전도자의 자세 / 48

3장: 마른 땅에서 나온 줄기와 같은 메시아 예수(53:2b)

    3.1 마른 땅이 가지고 있는 상징적 의미 / 57

    3.2 세상의 마지막 희망으로서의 줄기 / 60

    3.3 마른 땅의 줄기와 하나님의 구원의 방법 / 64

    3.4 마른 땅의 줄기에서 배우는 전도자의 자세 / 71

4장: 고난의 메시아 예수(53:3-4)

    4.1 메시아의 고난(1) - 세상과 하나 되는 방법 / 80

    4.2 메시아의 고난(2) - 세상을 치유하는 방법 / 89

    4.3 메시아의 진정한 아픔의 이유 / 99

5장: 십자가에서 죽으신 메시아 예수(53:5)

    5.1 십자가의 죽음으로 영(靈)적인 문제 해결 / 115

    5.2 십자가의 죽음으로 혼(魂)적인 문제 해결 / 119

    5.3 십자가의 죽음으로 육(肉)적인 문제 해결 / 122

    5.4 십자가의 죽음을 통한 전인(全人)적인 구원 / 125

6장: 대속의 메시아 예수(53:6)

    6.1 대속의 이유(1) – 양(羊)같은 우리 때문 / 139
    6.2 대속의 이유(2) – 능력 없는 우리 때문 / 143
    6.3 대속의 은혜를 경험하는 과정 / 147

7장: 침묵의 메시아 예수(53:7-9)

    7.1 침묵 – 대속을 감당하신 방법 / 161
    7.2 침묵하신 이유와 의미 / 168
    7.3 침묵하신 상황 / 172
    7.4 침묵하신 방법과 결과 / 177

8장: 부활하신 메시아 예수(53:10-12)

    8.1 부활한 통한 구원의 완성(1) – 완성의 과정 / 192
    8.2 부활을 통한 구원의 완성(2) – 완성의 표시 / 198
    8.3 부활을 통한 영적승리 / 201
    8.4 부활을 통한 풍성한 열매 / 215

미주 / 222
참고문헌 / 237

1장

약속의 메시아 예수

"우리가 전한 것을 누가 믿었느냐
여호와의 팔이 누구에게 나타났느냐"
(사 53:1)

1장

약속의 메시아 예수(53:1)

　메시아 예수는 어느 날 갑자기 우리에게 나타나신 분이 아닙니다. 세상을 구원하시기 위하여 인간이 타락했을 때부터 약속된 메시아입니다. 그러므로 메시아 예수는 복음의 핵심내용입니다. 성경을 어떠한 관점으로 보느냐에 따라 해석이 달라질 수 있겠지만, 구속사적인 관점을 가지고 읽는다면, 메시아 예수에 관해 그 약속의 말씀이 처음 나오는 곳은 창세기 3장 15절입니다.[2] "내가 너로 여자와 원수가 되게 하고 네 후손도 여자의 후손과 원수가 되게 하리니 여자의 후손은 네 머리를 상하게 할 것이요 너는 그의 발꿈치를 상하게 할 것이니라"는 말씀에서 "여자 씨(후손)"에게서 동정녀 탄생하실 메시아 예수가 예표 되어 있고[3]

구속을 위한 '십자가의 죽음과 부활'의 사건도 이미 약속되어 있습니다.[4] 최초의 인간이 죄를 짓고 타락하였을 때 하나님께서는 그들을 회복하시기 위하여 찾아 가셨지만, 그들이 지은 죄는 그들로 하여금 하나님께 나오지 못하도록 하였고, 또한 하나님께 반응하지 못하도록 하였습니다.[5] 그래서 죄는 '아담에게서 하와로, 하와에게서 뱀에게로' 전가(傳家)되었습니다. 하나님께서는 아담과 하와를 회복하시기 위하여 직접 찾아 가셨지만, 그들은 자신들이 지은 죄에 대하여 뉘우치거나 회개하지 않았습니다. '여기에서 구속의 모든 소망은 끝이 나는가?' 생각할 수 있을 그때, 하나님께서는 그들을 포기하지 않으시고 지속적으로 구원시키시겠다는 의지를 담으셔서 복음을 약속해 주신 것입니다. 곧 메시아 예수를 약속하신 것입니다.

그러므로 메시아 예수에 관한 복음의 이야기는 신약성경에만 나오는 것이 아니라, 구약성경의 시작부터 등장하고 있음을 알아야 합니다. 이 부분을 잘 인식하고 있다면, 이사야 선지자를 통하여 메시아 예수에 관하여 말씀하시고 계시는 내용을 이해하기가 쉬워집니다. 이사야 53장 1절을 구속사적인 입장에서 보자면, 구약성경을 통하여 메시아 예수를 지속적으로 예표해 주었고, 또한 메시아를 통하여 어떻게 구원받고 보호받을 수 있는가를 가르쳐주셨지만 이스라엘이 받아들이지도 않았고, 중요하게 여기지도 않았음에 대한 부분을 지적하시며 당신의 말씀을 열어 가십니다.[6] 이사야 선지자 이후에 곧 이 땅에 오실 메시아 예수를 준비하기 위한 말씀이지요. 그러므로 이러한 구속사적인 관점에서 더 자세한 메시아 예수에 관한 이야기들을 전개해 나아가려 합니다.

1.1 왜 다시 원초적인 복음인가?

교회 회복의 방법이기에

이사야 53장의 내용은 구속사적인 입장에서 보자면 메시아 예수에 관한 말씀입니다. 그래서 가장 원초적인 복음의 내용이 담겨 있는 내용이기도 하지요. 예수님은 누구시며, 어떠한 모습으로 이 땅에 오실 것이고, 그렇게 오셔야만 하는 이유가 나타나고 있습니다. 그리고 세상을 구원하시기 위해서 그분이 이 땅에서 겪으셔야만 하는 고난의 과정이 비교적 상세하게 나타나고 있습니다. 또한 그분이 겪으시는 고난의 내용은 어떻게 우리의 구원의 회복과 연관이 있는지도 서술하고 있으며, 그 고난은 급기야 십자가의 죽음으로 까지 이어집니다. 구약성경이지만 신약의 어느 부분보다도 예수님의 십자가 사건을 상세하게 다루고 있으며, 특별히 십자가를 지시기까지의 과정을 신약의 어느 부분보다도 더 상세하게 기록하였습니다. 그리고 결론적으로는 메시아 예수가 하나님께서 계획하신 구원의 모든 과정을 성취하시고 부활하신 후에 어떠한 결과가 있을 것까지 상세하게 언급하고 있습니다.

  이렇게 보자면, 원초적인 복음의 내용이 가장 세밀하게 서술되어 있는 성경의 장(場)이 이곳이라고 할 수 있습니다. 여기서 원초적인 복음이라고 지칭함은 메시아 예수에 관하여서 가장 기본적이고 깊이 있는 내용만을 담아 놓았기 때문입니다. 그리스도인들이 예수님을 신앙(信仰)하고 있지만, 그 예수님에 관하여 얼마나 알고 있는가를 묻는다면 대답이 다양할 것입니다. 그리고 자숙(自肅)할 수도 있습니다. 그러한 그리스도인들에 '예수님은 세상을 구원하실 메시아이며 그분은 바로 이러한 분'이라고 단편적으로 말할 수 있는 성경의 내용이 이곳이라는 것이지요. 그렇기에 이사야 53장을 자세히 해석하며 묵상하다보면 원초적인 복음의 내용을 깊이 있게 경험할 수 있을 것입니다.

  그렇다면, 그 원초적인 복음은 이 시대에 왜 필요할까요? 결론적으로 말하자면, 원초적인 복음의 내용은 죽어가는 하나님의 백성들을 다시 회복시키는 동력(動力)이 되고, 하나님을 더 깊게 경험하는 궁극적인 방법이며, 우리로 하여금 하나님의 백성답게 살 수 있는 삶을 끌어낼 수 있기 때문입니다. 이것을 하나씩 서술하자면, 먼저 복음은 죽어가는 하나님의 백성을 다시 살릴 수 있는 동력이 됩니다. 이사야가 이 부분을 예언할 당시에 이스라엘은 영적으로 밑바닥을 치고 있었습니다. 바벨론 포로로 끌려가 있었기 때문입니다. 하나님은 그러한 이스라엘을 대상으로 이 말씀을 주시며, 그들이 회복될 수 있다는 희망의 말씀을 선포하신 것입니다. 아무리 인간적으로 노력해도 하나님이 원하시는 기준에 도달하지 못하여 넘어지는 이스라엘에게 그들의 노력이 아닌, 하나님의 은혜의 방법으로 완전히 회복될 수 있음을 선포하고 계신 것입니다. 이 약속은 오늘날 그리스도인들에게도 동일하게 적용됩니다. 복음은 무너져가는 하나님의 백성들을 살릴 수 있는 궁극적인 힘입니다. 교회를 회복시킬 수 있는 방법은 원초적인 복음뿐입니다.

바울이 로마서를 기록한 중요한 이유 중에 하나는 로마 교회에 체계적인 복음을 들려주고자 했기 때문이었습니다.[7] 물론 로마 교회를 방문하기 위한 목적도 로마서를 기록했던 이유이기도 하지만, 더 중요한 이유는 로마 교회가 다시 복음을 들어야 했기 때문입니다. 기독교에 대해서 핍박이 극심했던 로마였지만, 바울이 복음을 들고 들어가서 전하기 전에 어느 누군가의 전도자의 입술을 통하여 복음이 전해졌으며 그 결과 교회가 세워졌습니다. 예수 믿으면 핍박받고, 예수 믿으면 죽을 수밖에 없는 상황 속에서도, 로마 한 복판에 복음이 들어가고 열매가 맺어져 교회가 세워졌던 것입니다. 이것이 복음의 능력입니다. 그런데 그러한 로마 교회도 시간이 흘러가다 보니 복음의 열정이 식어지고 여러 가지 문제가 생기기 시작했습니다. 그리고 사도들의 의해서 체계적인 복음을 들어본 적이 없었습니다. 그래서 바울은 로마서를 기록하여 로마 교회에 체계적인 복음을 들려주려고 했던 것입니다. 로마 교회를 다시 살릴 수 있는 가장 최고의 방법이 복음이라고 생각했기 때문입니다. 복음은 죽어가는 모든 것을 다시 살리는 능력이 있습니다. 죽어가는 성도를 다시 살리고, 죽어가는 교회를 다시 살리는 능력이 바로 복음에 있습니다.

복음을 더 깊게 알아가야 하기에

기독교는 샤머니즘(shamanism)이 아니기 때문에 무조건 믿으라고 해서는 안 됩니다. 호세아 선지자는 "그러므로 우리가 여호와를 알자 힘써 여호와를 알자"(호6:3)라고 하지 않았습니까? '아는 만큼 믿고 믿는 만큼 역사가 일어나는 것이 기독교'입니다. 그러나 하나님과의 만남이 없는 지식은 우리를 변화시키지 못합니다. 아는 지식만큼 하나님과의 관계가 깊어져야 하는데, 만남이 없으니 구원의 감격이 줄어들고, 변화가 되지 않는 것입니다. 실제로 호세아가 "알자"라는 단어를 사용하였을 때, 그 단어의 히브리어는 "야다"라는 단어를 사용하였습니다. 이 단어의 의미는 지식적으로만 알아가는 것이 아니라, 모든 것을 완전히 경험적으로 안다는 것을 뜻합니다.[8] 그렇기에 하나님을 지식적으로만 알아가는 것은 반쪽짜리 앎이라고 생각할 수 있습니다. 그러한 지식적인 앎은 우리로 하여금 하나님을 경험할 수 있도록 인도하는 몽학선생(蒙學先生)의 역할은 감당하지만, 경험을 하지 못하였을 때에는 어떠한 변화도 우리에게 가져다주지 못하기에 반쪽짜리 앎이라고 부르기에도 부족함이 있습니다.

이렇게 보자면, 성경공부는 많이 하는데 그 지식이 내 삶의 경험으로 이어지지 못한다면, 그 지식은 나의 의(義)가 될 수 있고 그 기준으로 남을 정죄할 수도 있습니다. 이러한 문제는 비단 한국교회만의 문제가 아니라 기독교의 역사에서 반복되는 일이었습니다. 초대교회는 핍박 속에서도 예수의 제자들이 많이 세워졌습니다. 그 후, 핍박이 사라진 중세시대에는 국가종교시대로 'christendom' 시대라고 불려 졌습니다. 이 시대는 어떠한 기독교에 대한 핍박도 없었고, 자연적으로 성장할 수 있는 모든 여건이 갖추어져 기독교가 꽃을 피웠음에도 불구하고 영적으로는 암흑기라고 일컬어졌습니다.[9] 이 시기는 교회와 신학의 이론적인 바탕이 집대성 되는 시기였지만 왜 영적인 암흑기라고 불려 졌을까요? 한마디로 말한다면, 그것은 그 시대의 그리스도인들이 하나님을 알고자 하였던 지식만큼 하나님을 경험하지 못하였기에 하나님과의 관계가 친밀하지 못하였기 때문이라고 할 수 있습니다. 중세 최고의 신학자 중의 한 명이었던 토마스 아퀴나스는 '중세 교회는 초대 교회가 가지고 있지 못했던 많은 성도와 훌륭한 교회 건물과 엄청난 부를 가지고 있지만, 중세 교회는 초대 교회가 가지고 있던 가장 중요한 것을 잃어버렸는데 그것은 예수 이름의 능력이다!'라고 말했습니다.[10] 비록 초대 교회는 교회 건물도 없고, 재산도 없었으며 핍박 속에 있었지만 예수 이름의 능력을 경험하는 교회였습니다. 사도들의 가르침을 따라 복음을 듣고 경험했으며, 그렇기에 메시아 예수를 더 깊이 알아가며 그 능력을 경험한 교회가 바로 초대교회였던 것입니다. 그러므로 신앙의 정체를 뚫고 나올 수 있는 가장 중요한 방법은 복음을 듣고 반응하여 경험하는 것이며, 그때 하나님을 더 깊게 알아갈 수 있습니다.

삶의 실천을 이끌어낼 수 있는 방편이기에

그런데 이미 예수를 믿어 구원을 받았고, 큐티나 성경 공부를 통해 복음에 대해서도 많이 알고 있는데 복음을 더 깊이 알아가고 경험해 나가야 한다는 것은 무슨 뜻일까요? 바울 신학의 대가(大家)인 김세윤 박사는 한국 교회를 향해 아주 심각한 이야기를 던지고 있습니다. 그것은 한국 교회가 신학적인 지식이나 성경적인 지식은 많이 가지고 있지만 그 지식을 바탕으로 하나님과의 만남이 같이 이루어져야 하는데, 지식은 있지만 하나님과의 만남이 없으니 관계가 사라져 버리고 형식만 남지 않았느냐는 것입니다.[11] 한국 교회의 그리스도인들은 죄인이었던 자신이 예수 그리스도를 믿음으로 의롭게 되었다는 칭의(稱義)의 교리는 지식적으로 아주 잘 알고 있습니다. 한국 교회가 이러한 칭의(稱義)의 교리에 대해 지식적으로 잘 가르치고 있는 것입니다. 그런데 칭의(稱義)의 가장 기본적인 신학적인 의미인 '법적으로 의로워졌다'는 사실에서만 멈추어져 있고[12], 의롭게 됨으로써 단절되었던 하나님과의 관계가 회복되었다는 사실은 놓쳐가고 있음을 지적하고 있는 것입니다. 한 번 의롭게 되는 것으로 끝나는 것이 아니라, 회복된 관계 가운데 하나님과의 만남이 지속적으로 이어져야 하는데 그 만남을 이어가지 못하고 있다는 것입니다.

하나님과의 만남이 없는 신앙은 실천적이지 못합니다. 실천을 가능하게 하는 힘의 동력을 얻지 못하기 때문입니다. 그러나 하나님과의 관계 회복을 통한 지속적인 만남은 하나님을 더 깊게 알아가게 하기도 하지만, 그 은혜로 우리의 삶이 변화되어 집니다. 그리고 그 변화된 삶은 그리스도인들로 하여금 하나님께서 원하시는 삶을 살아 낼 수 있는 실천적인 힘을 제공합니다. 바로 원초적인 복음이 하나님을 깊이 있게 만날 수 있도록 도와줍니다. 그렇기에 원초적인 복음은 그리스도인들로 하여금 삶의 실천을 끌어낼 수 있는 원동력을 제공해 준다고 할 수 있지요.

이렇게 본다면, 우리는 원초적인 복음을 기록하고 있는 이사야 53장을 통해 예수 그리스도를 더 깊이 알아가고 복음을 더욱 깊이 경험할 수 있습니다. 실제로 이사야 53장을 통해 예수 그리스도를 더 깊게 만나서 인생이 바뀐 사람들이 많이 있습니다. 그 중의 한 사람이 헨델(Georg Friedrich Händel)입니다. 헨델의 위대한 오라토리오(Oratorio) '메시아'는 헨델이 이사야 53장을 읽고 묵상하다가 만든 곡이라고 합니다. 헨델은 이사야 53장을 읽던 중에, 고난 받는 메시아의 생애와 부활의 영광을 직접적으로 경험하는 영적인 체험을 하게 되었다고 합니다. 1741년 8

월 22일부터 9월 14일 사이, 근 20여 일 동안 헨델은 거의 잠도 자지 못하고 먹지도 못하고 이사야 53장만 묵상하였습니다. 작곡가의 영성이 성경의 영성과 하나가 되면서, 하나님이 그의 마음을 여셔서 예수 그리스도의 구속사 속에 흐르는 구원의 물줄기를 깊이 체험하게 되자 헨델은 가만히 있을 수 없어서 오라토리오를 써 내려가기 시작했던 것입니다. 그렇게 탄생한 곡이 바로 '메시아'였습니다. 후일 그는 이러한 경험을 두고 말하기를 "나는 하나님의 영광을 보았다!"고 기록하였습니다.[13] 이러한 일들이 이사야 53장의 말씀을 읽고 묵상하는 지금 이 시간 가운데서도 일어날 수 있습니다.

1.2 메시아 예수에 관해 전해진 소식들

이사야의 도전적인 질문

이사야 53장의 전후 문맥에서 본다면, 이사야 53장은 52장과 54장 사이에서 다리 역할을 제대로 하지 못하는 낯선 독립의 '장'처럼 보일 수 있습니다. 왜냐하면 이사야 52장에서는 유대민족이 바벨론 포로에서 풀려날 것이고 메시아의 이름이 만천하에 선포되어 모든 사람이 그를 알게 될 것이라고 예언하고 있으며, 54장 역시 회복의 약속을 선포하며 하나님의 은혜로운 구원의 행동이 있을 것이라고 예언하고 있기 때문입니다. 이렇게 본다면, 그 사이의 53장은 포로의 시간을 끝낼 주체, 이스라엘을 회복시킬 주체가 누구인지를 소개하면서 이스라엘을 포로에서 해방시켜 강력한 나라를 세울 수 있는 능력 있는 메시아가 등장해 52장과 54장을 매끄럽게 연결시킬 것이란 기대를 갖게 합니다. 그러나 이사야 53장에서는 이런 기대와 전혀 다른 '고난 받는 종'으로서의 메시아를 언급하고 있습니다. 이 내용은 실제로 인간적으로는 대단히 실망스러운, 그래서 이스라엘의 기대와는 거리가 먼, 모든 기대를 허물어 버리는 내용입니다. 그래서 특별히 유대인들은 이사야 53장을 메시아에 관한 예언으로 받아들이기가 어려웠습니다.[14] 유대인들은 포로로부터 해방되어 강력한 나라를 세울 수 있는 정치적이고 경제적인 힘과 능력이 있는 메시아를 기대했는데, 메시아가 고난 받는 종으로 오실 것이라고 예언하고 있는 이사야 53장은 유대인들에게 걸림돌이 될 수밖에 없었을 것입니다.

그렇기에 이사야 선지자는 이사야 53장을 시작하면서 "우리가 전한 것을 누가 믿었느냐 여호와의 팔이 누구에게 나타났느냐"라고 질문을 던집니다. 이사야 53장의 서론에 해당하는 1,2절은 메시아이신 예수 그리스도께서 고난의 종으로 오신 이유를 이야기하고 있습니다. 그런데 이사야 선지자는 처음부터 예수 그리스도의 고난을 단도직입적으로 이야기하지 않고 두 가지 도전적인 질문으로 시작하고 있습니다. 이 질문은 인간이 타락했을 때부터 그 시간까지 구약의 긴 시간 속에서 약속되었던 메시아가 있다는 사실을 구체적으로 나타내 주는 연결고리이자, 메시아가 고난의 종으로 오실 수밖에 없었던 이유를 드러내는 질문이 되기도 합니다.

이사야 선지자는 이사야 53장에서 새로운 메시아를 소개하고 있는 것이 아닙니다. 지금까지 들어왔던 메시아, 하나님께서 지속적으로 계시해 주셨던 메시아와 동일한 메시아에 대해 이야기하고 있는 것입니다.[15] 그러나 사람들은 새로운 내용을 찾고 있습니다. 자신들의 기준에 맞추어 자신들의 어려운 문제를 해결해 줄 수 있는 메시아를 찾고 있기 때문에 이러한 계시들을 외면하고 있는 것입니다. 그렇기에 이사야 53장 1절의 질문에는 인간의 완고함과 죄 성이 드러나 있다고 할 수 있습니다. 이것이 인간의 죄 된 본성입니다. 아무리 하나님께서 인간을 구원하시기 위해 보내주실 메시아가 어떤 분이신지 반복해서 가르쳐 주셔도 받아들이지 않고 거부하는 것입니다. "아니요! 그 정도로는 안 됩니다. 더 위대하고 더 능력 있는 메시아를 원합니다." 이것이 사람들의 반응이었습니다. 그래서 이사야 선지자는 "이미 하나님이 세우신 사람들을 통해서 모두 전해 주었지만 너희가 그것을 마음속에 새겨두었느냐? 그 새겨둔 메시지를 가지고 더 깊게 알려고 했느냐?"라고 반문하고 있는 것이지요.

구약에 약속된 메시아 예수

이사야 53장에 이르기까지 하나님께서는 구약 성경을 통해 메시아에 대한 계시들을 지속적으로 보여주셨습니다.[16] 이미 언급한대로, 창세기 3장 15절은 최초의 메시아에 대한 예언으로 원형복음(Proto-Evangelism)이 담겨져 있습니다. 하나님께서 여자의 후손으로 메시아를 보내셔서 세상을 파괴한 마귀와 싸워 이겨 인류의 구원자가 되실 것을 약속해 주셨던 것입니다. 그런데 이사야 선지자는, 이미 하나님께서는 선지자들을 통하여 지속적으로 메시아 예수를 이 땅에 보내주시고 사단과 싸워 이기실 것을 약속해 주셨지만 누가 그 약속을 받아들였느냐고 묻고 있습니다.

또한 구약의 제사 제도 역시 메시아 예수의 십자가의 예표입니다. 구약의 제사 제도는 단순한 종교적 의식이 아닙니다. 제사의 가장 대표적인 번제만 해도 번제에 쓰이는 제물이 궁극적으로는 인간의 죄를 대신해서 십자가에서 죽으실 메시아 예수를 예표하는 것입니다.[17] 하나님은 수없이 반복되는 제사를 통해 이 땅에 보내주실 메시아가 어떤 메시아이고 왜 죽어야 하는지를 반복해서 가르쳐 주셨습니다. 그러나 유대인들은 그러한 것에는 관심이 없고 지금 당장 자신들의 어려움을 해결해 줄 수 있는 메시아를 찾았습니다.

모세가 광야에서 들어 올린 놋 뱀도 메시아의 상징이었습니다.[18] 예수 그리스도는 한밤중에 자신을 찾아온 니고데모에게 영생에 대해 이야기 하시면서 "모세가 광야에서 뱀을 든 것 같이 인자도 들려야 하리니(요 3:14)"라고 말씀하셨습니다. 거듭해서 하나님을 원망하던 이스라엘 백성들이 불 뱀에 물려 죽게 되었을 때, 하나님은 모세를 통해 회개하는 이스라엘 백성을 위해 놋뱀을 만들어 장대에 매달게 하셨고 그것을 보는 자는 살게 되리라고 말씀하셨습니다. 왜 그러한 지시를 하셨을까요? 율법에 의하면 나무에 달린 자는 저주를 받은 자(신 21:23, 갈 3:13)라고 했습니다. 예수 그리스도께서 십자가에서 죽으신 이유는 하나님의 저주를 받았기 때문입니다. 이 땅 모든 사람들의 죄를 다 짊어지고 죄의 근원으로서 저주를 받아 나무에 달려 죽으신 것입니다. 그 모형으로 모세는 놋으로 만든 뱀을 장대에 매달아 올렸는데, 성경에서 놋은 심판을 의미합니다. 그렇기 때문에 놋으로 만든 뱀은 창세기 3장에서 아담과 하와가 죄를 짓도록 유혹하게 만든 죄의 근원인 뱀을 심판하시겠다는 의미이기도 합니다.[19] 그 위에 세상의 모든 죄를 담당하셔서 죄의 근원이 되어 십자가에서 죽으실 메시아가 겹쳐져 보여 집니다. 십자가에서 죽으심의 의미가 바로 거기에 있기 때문입니다.

  이외에도 구약의 수없이 많은 말씀들은 예수 그리스도를 반복해서 계시하였지만, 어느 누가 이 사실을 받아들였으며, 어느 누가 이 사실을 믿었느냐고 반문하고 있는 것입니다. 원문을 보면 "우리가 전한 것"보다는 "우리가 들은 것"으로 해석하는 것이 더 적합하다고 볼 수 있습니다. 자신을 비롯하여 수많은 선지자들이 다양한 목소리로 메시아이신 예수 그리스도로 말미암는 구원의 메시지를 외쳤기에 들었지만 누가 믿었느냐고 가슴을 치며 반문하고 있는 것입니다. 얼마나 하나님의 음성에 귀 기울이며 가슴 깊이 이해하려고 묵상해 보았는지를 되묻고 있는 것입니다. 나의 아픔과 나의 어려움만 생각하면 하나님의 약속이 보여지지 않습니다. 그리고 하나님의 말씀을 나에게 맞추어서 해석하려는 경향도 생겨나게 됩니다. 그때 우리는 하나님의 말씀의 본질적인 의미를 놓쳐버리게 됩니다. 아마도 이스라엘은 이러한 우(愚)를 범하게 된 것 같습니다. 자신의 상황과 어려움만을 바라보며, 당장 그것을 해결할 수 있는 메시아를 요구한 것입니다.

1.3 실패가 없으신 하나님과 믿지 않는 백성들

실패가 없으셨던 하나님

이어서 이사야 선지자는 1절 하반부에서 "여호와의 팔이 누구에게 나타났느냐?"고 질문합니다. '팔'은 히브리어 원어로는 "능력, 힘, 권능"을 의미합니다.[20] 이사야 선지자가 두 번째로 한탄하면서 던지고 있는 질문은 하나님의 권능과 하나님의 힘이 누구에게 나타났었느냐고 하는 것입니다. 이것은 이사야 선지자가 몰라서 던지는 질문이 아닙니다. 다분히 그 시대를 살고 있는 이스라엘 백성들을 향해서 자각(自覺)하도록 던지는 질문입니다. 만약에 하나님을 알지 못하고 그 능력을 경험하지 못한 사람들이였다면, 하나님을 오해할 수도 있습니다. 그러나 하나님의 능력을 누구보다도 직접적으로 경험했으며 그 능력가운데 살아가고 있는 너희들이 어떻게 너희들을 구원하고자 하시는 하나님의 궁극적인 방법을 무시할 수 있느냐는 질문이지요.

하나님은 출애굽 후, 애굽 군대가 이스라엘의 뒤를 쫓아올 때 홍해를 갈라 그들을 건너게 하시고, 애굽 군대는 홍해에 가두어 물리쳐 주셨습니다. 광야를 지나면서 먹을 것이 없다고 했을 때는 먹을 것을 주셨고, 물이 없다고 했을 때는 반석에서 물을 내셔서 먹이신 분도 하나님이십니다. 그런데 그러한 크신 능력과 힘을 경험한 하나님의 백성인 너희들이 또 어떤 능력과 어떤 힘을 더 보여 달라고 하는 것이냐고 반문하는 것입니다. 하나님께서 그들을 향해 보여주셨던 모든 일들은 실패가 없으셨습니다.

다만, 그들이 하나님과의 관계를 소홀히 하고 그들의 마음대로 살아갔을 때, 그들은 자신들이 가지고 있는 연약함과 한계 때문에 자연스럽게 어려움에 봉착하고 힘든 삶을 살기도 했었지요. 그러한 어려움은 하나님께서 보호하지 않으셔서 일어난 일이라기보다도, 그들이 하나님의 보호막을 떠났기 때문이라고 말할 수 있습니다. 하나님 안에 있었을 때는 한 번도 실패를 경험한 적이 없었습니다. 그런데 이제는 하나님의 구원의 궁극적인 방법인 메시아 예수를 기대하지도 않고 받아들이지 않고 있는 것입니다. 마치 실패할 방법이라고 생각하여 가까이 접근하지 않는 것처럼 말이지요. 그러나 하나님은 실패하지 않는 분이십니다. 하나님의 방법은 가장 완벽합니다.

믿지 않는 백성들

　세상 사람들은 하나님의 능력과 구원을 경험하지 못했기 때문에, 하나님의 방법을 신뢰할 수 없지만, 하나님의 크신 구원과 능력을 지금까지 경험해 온 하나님의 백성들마저도 하나님의 방법을 이해하지 못하고 하나님이 보내신 메시아를 인정하려 하지 않았을 때 하나님의 마음은 얼마나 아프셨겠습니까? 이사야 선지자는 1절의 질문을 통하여 그 사실을 묻고 있는 것입니다. 하나님의 방법을 제대로 이해하지 못하고 십자가 복음의 능력을 제대로 알지 못하면 복음을 오해할 수 있습니다. 메시아 예수께서 우리의 어려운 상황조차 해결해 주지 못한다고 원망할 수 있습니다. 하나님은 메시아 예수를 통해 가장 근본적인 문제를 해결해 주심으로 우리의 모든 문제를 해결할 수 있는 길을 열어 주셨지만, 이것을 이해하지 못하면 지금 당장 눈앞의 문제만을 바라보며 그 문제의 해결만을 구할 수 있습니다. 하나님을 온전히 신뢰하지 못하는 것이지요. 이것이 우리들의 연약한 모습이고 죄 된 모습입니다.

　실제로 우리의 문제는 지금 우리가 가지고 있는 세상적이고 육신적인 한계와 문제가 아닙니다. 현재 우리가 가지고 있는 모든 인생의 문제들과 어려움들은 인간이 죄로 타락하고 그 결과 생겨난 것들입니다. 그렇기에 근원적인 문제의 해결이 필요합니다. 만약에 인간이 가지고 있는 근원적인 문제의 해결이 없이 일시적인 해결만 있다면, 우리는 지속적인 한계와 어려움을 반복하여 경험할 수밖에 없습니다. 이것이 인간이 풀 수 없는 인생의 문제입니다. 하나님은 그 문제를 풀기 위하여 독생자 아들을 구원의 방법으로 이 땅에 보내주셨습니다. 그 아들만 믿으면 인생의 문제가 해결되고 풀어질 수 있습니다. 그런데 이스라엘은 하나님이 약속하신 메시아가 자신들이 생각하는 능력 있는 메시아의 모습이 아니기에, 그 메시아를 거부했고, 믿지 않았습니다.

이러한 모습은 오늘날 그리스도인들에게서도 찾아볼 수 있습니다. 하나님께서는 수없이 많은 가르침과 능력으로 우리를 깨우치시고 인도해 주셨지만, 우리는 당장 내게 필요한 것들만을 돌아보는 경향이 크기 때문입니다. 지금까지 살아오면서 여러 가지 놀라운 하나님의 역사를 경험했지만, 또 다른 기적을 바라고 있을 수도 있다는 것입니다. 그렇기에 이사야 선지자의 질문은 오늘날 우리 그리스도인들에게도 그대로 물어져야 할 질문이라고 생각합니다. 지금까지 하나님의 도우심으로 살아온 우리들이지만, 당장 필요한 것을 채우기 위해서 예수보다는 세상적인 힘을 의지하고 있는 우리들의 모습 때문이지요.

예수 앞에만 나오면 모든 문제가 해결되고 풀어질 수 있는데,

그 앞에 굴복하지 않음으로 나의 어려움이 지속되고 있는 것은 아닙니까? 메시아는 '구원자'의 의미입니다. 즉, 예수가 우리의 구원자라는 것입니다. 이것은 말로만 외쳐져서는 안 됩니다. 예수 앞에 나와서 굴복하며 모든 것을 내려놓고 구원을 경험할 때 그 말이 실재화(實在化) 되어 집니다.

1장 "약속의 메시아"를 마치며...

메시아 예수를 깊이 알기 위한 질문들

1. 왜 오늘날 그리스도인들에게 '메시아 예수'에 관한 원초적인 복음이 필요합니까?

   1)
   2)
   3)

2. 하나님은 메시아 예수를 언제 처음으로 약속해 주셨습니까?

3. 구약에 메시아 예수를 예표한 이야기 가운데 생각나는 이야기들을 정리해서 적어 보세요.

4. 이사야 선지자가 "여호와의 팔이 뉘게 나타났느냐"고 질문한 이유가 어디에 있습니까?

5. 하나님께서 능력을 보여주시고 삶을 인도해 주셔도 하나님을 전적으로 신뢰하지 못하는 이유가 어디에 있습니까?

6. 하나님의 백성들이 하나님의 구원의 주체로서 보내주신 메시아 예수를 받아들이지 못한 이유가 어디에 있습니까?

7. 복음이 신구약 성경을 관통하는 중요한 주제가 될 수 있는 이유를 말해 보세요.

2장

연한 순과 같은 메시아 예수(53:2a)

"그는 주 앞에서 자라나기를 연한 순 같고"

(사 53:2a)

2장

연한 순과 같은 메시아 예수(53:2a)

　이사야 선지자는 본격적으로 메시아 예수의 모습에 관하여 설명합니다. 실제로 이 구절의 내용은 우리가 예수를 믿어 왔어도 잘 알지 못했던 묘사일 수 있습니다. 그런데 인간의 어떠한 묘사보다도 하나님께서 직접 당신의 선지자를 통하여 말씀해주신 묘사이기에 믿을 수 있고 구체적입니다.

　우리가 예수를 믿으면서도 그 안에 있는 능력과 권세는 강조하지만, 그분의 고난과 연약한 모습에 관하여서는 생각해 본적이 있는가요? 예수를 닮고 싶지만, 그 분 안에 있는 연약함과 고난의 모습까지도 닮아가야 한다고 생각하십니까? 만약에 그렇게까지 생각해 본적이 있다면, 그 이유는 무엇입니까? 예수님께서 이 땅에 연약한 모습으로 오신 분명한 이유를 알고 계십니까?

가장 능력 있고 권세 있으신 그 분이 이 땅에 오실 때 연약한 모습으로 오신 이유가 무엇이었겠습니까?

하나님은 이사야를 통하여 바로 그 부분을 말씀하고 싶으셨던 것 같습니다. 그렇기에 메시아 예수를 통하여 죄 된 인간이 어떻게 회복될 수 있을 것인가를 먼저 말씀하지 않으시고 연약한 모습으로 오신 메시아에 대한 묘사를 먼저 하고 계신 것입니다. 예수님을 온전히 이해할 수 있어야 그분을 믿는 믿음이 온전한 믿음이 될 수 있기 때문입니다. 잘 알지도 못하고, 이해되지 않는 부분이 있는데도 믿는다는 것은 옳지 않습니다. 메시아 예수를 잘 알아야 합니다. 아는데서 믿음이 나옵니다. 그렇기에 세상의 많은 사람들이 가장 이해하지 못하는 메시아 예수에 관한 연약한 모습을 먼저 서술함으로 메시아 예수에 관한 이해를 돕고 있는 것입니다.

그렇다면 메시아 예수를 "연한 순"으로 묘사하신 이유가 어디에 있을까요? 그 안에는 어떠한 의미가 담겨 있을까요? 하나님께서 말씀하시고자 하시는 바가 무엇일까요?

2.1 연약함에 담겨 있는 성육신의 비밀

인간 안에 있는 죄성

사람들의 마음에는 죄가 있어요. 죄의 뿌리가 있습니다.[21] 이 죄의 뿌리 때문에 나름대로는 하나님을 믿는다고 하지만 자기 기준에 맞춰 자기에게 좋은 것만 받아들이려고 하는 경향이 있는 것입니다. 하나님이 보내시려는 메시아를 메시아로 받아들이지 않으려고 하는 이유도 여기에 있습니다. 이러한 인간의 모습을 알고 계시는 하나님이시기에, 하나님은 메시아를 이 땅에 보내시기로 작정하셨을 때 어떠한 사람도 실족하지 않고 구원받을 수 있는 모습으로 보내실 것을 계획하신 것입니다.

모든 인간을 구원하기 위한 하나님의 계획은 메시아 예수를 이제 막 돋아난 '연한 순'같은 모습으로 이 땅에 보내시는 것이었습니다. 그래서 그분은 한 없이 연약한 모습으로 오셨습니다.[22] 말 그대로 무척 나약한 존재로 자기를 지키고 방어할 능력이 없는 어린 아기로 태어나셨고, 인간의 연약함을 그대로 지닌 채 사셨던 것입니다. 그분은 이 땅에 오셔서 자신을 보호하고 편안한 생활을 누리기 위해서 하늘의 권세를 전혀 사용하지 않으셨습니다. 오히려 공격하면 공격당하고 채찍으로 때리면 맞으면서 그대로 못 박혀 죽으신 분이 예수 그리스도이셨습니다. 인간 안에 있는 죄가 메시아 예수를 멸시하고 급기야는 십자가에 죽게끔 만들었습니다.

하나님은 아셨습니다. 인간에게 있는 죄성이 당신이 보내실 메시아 예수를 얼마나 짓밟고 무시하며 때리고 조롱할 것을요! 그런데 그 메시아가 그 죄 된 모습들을 다 받아들이지 못하고 견뎌 내지 못한다면, 어떻게 세상을 구원할 수 있겠습니까? 이것이 하나님의 아픔이셨지만, 그 아픔을 감수하고서라도 세상을 구원하시려는 것이 하나님의 목표였습니다. 이러한 하나님의 마음을 아십니까? 아들이 죄 된 세상에서 고통을 당하고 어려움을 당할 것을 아시면서도, 그것을 감수하고 사랑하는 세상을 구원하시기 위하여 독생자 아들을 보내셔야 하는 마음 말입니다. 사도 요한은 이것을 다음과 같이 표현하였습니다. "그가 세상에 계셨으며 세상은 그로 말미암아 지은바 되었으되 세상이 그를 알지 못하였고 자기 땅에 오매 자기 백성이 영접하지 아니하였으나"(요1:10-11). 그렇습니다! 예수께서는 세상을 구원하시기 위하여 오셨지만, 세상은 그를 알지도 못하였고, 영접하지도 않았습니다.

한 영혼도 실패치 않으려는 하나님의 비밀

실제로 세상을 구원할 메시아의 모습은 "연한 순"이나 "마른 땅의 줄기"보다는 '높은 산'이나 '크고 강한 바위'와 같은 표현들이 더 적절해 보입니다. 그런데 왜 이사야 선지자는 메시아를 '연한 순'이라고 표현했을까요? 쉽게 이해가 되지 않고 수긍이 되지 않는 표현들입니다. 가장 중요한 이유는 이미 언급하였지만, 예수께서 이 땅에 메시아로 오셨을 때 어느 한 영혼도 배제되지 않기를 원하셨기 때문이었습니다. 메시아 예수는 자신을 따라오는 사람들은 구원하고 자신을 따라오지 않는 사람들은 제외시키려 하지 않으셨습니다. 이 땅의 사람들은 하나님의 형상과 모양대로 지음 받은 하나님의 자녀이기 때문에 한 사람도 빼놓지 않고 모두를 구원하고 살리시기를 원하셨던 것입니다.[23]

메시아 예수는 하나님의 형상이십니다. 골로새서 1장 15절을 보면, 메시아 예수를 "보이지 않는 하나님의 형상이시요 모든 피조물보다 먼저 나신 이"라고 하였습니다. 하나님께서 우리 인간을 지으셨을 때, 하나님의 형상과 모습대로 지어 주셨는데 인간이 죄를 지음으로 그 형상과 모습이 깨어졌습니다. 하나님은 이것을 회복하시기 위하여 보이지 않는 하나님의 형상을 소유하고 계시는 독생하신 아들을 보내사 우리를 회복하시려 하신 것입니다.[24] 그러나 철저하게 인간의 모습으로 하나가 되어 인간을 구원하시기 원하셨습니다. 죄 있는 인간은 연약한 존재이기 때문입니다. 그렇기에 하나님이신 그분이 연약한 순이 되어 이 땅에 오셨습니다.

세상의 한 영혼, 한 영혼이 귀한 존재입니다. 그렇기에 메시아 예수는 그를 믿고 따르는 다수(多數)를 구원하러 이 땅에 오신 것이 아니라, 세상 모두를 구원하시기 위하여 오셨습니다. 만약 메시아에게 강한 면(面)만 있다면, 그 강함에 부딪쳐 떨어져 나가는 사람도 생겨날 것입니다. 그러나 메시아 예수는 연약한 모습으로 오셔서, 누가 짓밟아도 짓밟힐 수는 있지만, 그들이 부딪쳐 떨어져 나가지 않도록 하셨습니다. 세밀한 하나님의 배려였습니다. 이것이 어느 한 영혼도 제외되지 않고 모두를 품을 수 있도록 연한 순의 모습으로 메시아를 보내신 하나님의 지혜였습니다.

　예수께서 세상에 오셨다는 그 사실이 은혜입니다. 왜냐하면 하늘의 보좌와 모든 것을 포기하고 한계 있는 인간의 몸으로 오셔야 했기 때문입니다. 그러므로 예수께서 이 땅에 오시기로 했을 때에는 세상에서 영광 받고 존경받으며 사실 것을 포기하셨으며, 연약한 인간이 되셨습니다. 이것을 우리가 성육신의 사건이라고 표현합니다. 우리는 성육신이라는 표현에는 익숙해져 있습니다. 그런데 성육신의 의미에 바로 이러한 내용이 있다는 것에는 생소할 수 있습니다. 성육신 사건을 그저 '하나님께서 인간이 되셨다'는 문자적인 의미만으로 생각할 수 있습니다. 그러나 그 성육신의 의미에는 연약한 존재로 오셔서 모든 고난과 어려움을 겪으시며 그것을 감수하시겠다는 하나님의 마음이 담겨져 있는 표현입니다.[25] 이러한 관점에서 보자면, 메시아 예수께서 성육신하셨다는 것을, 이 땅에 "연한 순"으로 오셨다는 표현으로 바꾸어 말할 수도 있을 것입니다. 예수는 이 땅에 오셨을 때부터 모든 것을 포기하고 오신 것입니다.

2.2 연약함에 담겨 있는 생명력

그치지 않는 생명력

　이사야 선지자가 예수 그리스도를 연한 순으로 표현한 두 번째 이유는 연한 순 안에 담겨져 있는 생명력 때문입니다. 메시아 예수는 이 땅에 생명을 가지고 오셨습니다. 죽음으로 가득찬 이 땅에 생명을 주시기 위하여 오신 것입니다.[26] 그러므로 그 생명은 유지되어야 하고, 영향력 있게 흘러가야 합니다. 그 생명을 잃어버리면 안 됩니다. 그러나 강하면 부딪치고, 부딪쳐서 깨어질 수 있습니다. 태풍이 오면 강한 나무는 뿌리 채 뽑혀 생명이 끝날 수 있지만, 강력한 태풍 속에서도 뽑히지 않고 생명을 유지할 수 있는 것은 오히려 이리 저리 바람에 따라 나부끼는 연한 순입니다. 그 바람에 맞서지 않고, 오히려 자신을 내맡기고 힘들지만 생명을 유지하는 것이 연한 순입니다. 예수 그리스도께서는 바로 그러한 모습으로 오셨고, 그러한 삶을 사셨습니다. 이것이 하나님이 세상을 구원하시고자하는 방법이셨습니다.

약함이 강함이라는 비밀을 하나님은 메시아 예수를 통하여 세상에 보여 주시고 싶으셨던 것입니다. 아무리 강하다고 할지라도, 그 강함이 지속되지 못하고 어느 한 순간 뿌리가 뽑혀 사라진다면 생명력은 지속될 수 없습니다. 그러나 사람의 눈에는 강해보이지 않더라도 강함을 내재한 채, 세상을 살아내는 방식이 연약한 순과 같아 지속적으로 그 생명력을 드러낼 수 있다면 얼마나 그 영향력이 크겠습니까? 이것이 메시아 예수를 통해 보여 주시는 그리스도인들이 이 땅을 살아가야할 하나님의 삶의 방식입니다.

그러나 중요한 것이 있습니다. 그것은 연약한 순처럼 산다고 하여 생명을 유지하기만을 위해 세상과 타협하라는 것은 아닙니다. 살아내기 위해서는 어떠한 방법이라도 괜찮다는 식의 삶의 방식이 아니라는 것입니다. 지조(志操)가 있습니다. 신념(信念)이 있습니다. 중심(中心)이 있습니다. 그리고 생명(生命)이 있습니다. 그러나 그러한 지조와 신념과 중심과 생명이 세상과 부딪쳐 상대방을 다치게 하는 것들이 아니라, 세상이 이해하고 따를 때까지 묵묵히 세상을 버텨내는 인내와 끈기를 말하는 것입니다.

세상과 맞서 싸울 수 있는 방법

성경을 보면, 메시아 예수는 평범한 목수의 아들이자 평범한 청년으로 사셨지만 그 말씀에는 권세가 있었다고 기록하고 있습니다. 세상적으로는 보잘 것이 없었지만, 그분이 입을 열고 말씀을 선포하시면 많은 사람들이 권세 있는 가르침에 깨닫고 은혜를 경험하였습니다. 심지어는 메시아 예수를 반대하던 바리새인들까지도 예수의 가르침을 인정할 정도였습니다. 그 가르침 안에서 기적도 일어났고 치유도 행하여 졌습니다. 또한 하나님 나라가 선포되어지며 많은 사람들이 메시아 예수로 말미암아 시작된 하나님 나라를 누리기 시작하였습니다. 바로 이러한 모습이 연약한 순의 모습입니다. 중심을 가지고 있지만, 세상을 구원하기 위해 세상의 눈에는 한없이 연약하게 보이는 메시아의 방식 말입니다. 중심이 있기에 서서히 세상을 변화시켜 나아가는 방식입니다.

강함만을 가지고 싸우는 것은 아닙니다. 많은 사람들은 강함이 싸움에서 유리하다고 생각할지 모르지만, 그것은 사람들이 생각할 수 있는 지혜의 한계입니다. 우리가 모르는 하나님의 지혜는 약함을 가지고도 싸울 수 있다는 것입니다. 오히려 죄 된 세상과 싸울 수 있는 처음의 방법은 연약함이었습니다. 물론 하나님 안에는 강함이 있습니다. 하나님의 강함은 세상에서 가장 강한 능력이고 힘이지요. 그러나 메시아 예수께서 이 땅에 오셔서 처음으로 세상과 맞서 싸우신 방법은 강함이 아니라 약함이었다는 것을 주목하여야 합니다.

바로 이 부분을 우리 그리스도인들은 종종 잊고 있는 것 같습니다. 실제로 우리 그리스도인들의 지나온 삶을 돌이켜 보면, 우리의 삶에서 하나님의 은혜를 경험하고 그 능력을 경험하였던 시간은 우리가 한 없이 약하였을 때였다는 것을 알게 됩니다. 병이 들었거나, 문제가 발생하였다거나, 자녀가 진로의 문제로 고민하고 있었을 때, 하나님은 우리의 연약함을 아시고 기도를 들으시며 하나님의 방법으로 그 모든 것을 해결하셨던 것을 우리는 알고 있습니다. 가장 약할 때 하나님의 강함을 경험한 것이지요. 그러나 상대적으로 우리에게 강함이 있었을 때, 우리는 우리의 방법대로 살려고 하다가 그 강함이 깨뜨려지고 낮아졌던 것도 기억할 수 있을 것입니다. 약함이 강함입니다! 약함이 세상과 맞서서 싸울 수 있는 중요한 방법 중에 하나입니다. 이 내용을 담은 찬양의 가사가 생각납니다.

> 약할 때 강함 되시네 나의 보배가 되신 주 주 나의 모든 것
> 주 안에 있는 보물을 나는 포기할 수 없네 주 나의 모든 것
> 예수 어린 양 존귀한 이름! 예수 어린 양 존귀한 이름!

그렇습니다! 우리가 그리스도 안에만 머물 수 있다면 약함이 곧 강함입니다. 이것이 세상과 싸워 이길 수 있는 중요한 방법이기도 합니다. 예수께서 그러한 모습을 보여 주셨습니다. 세상적인 입장으로 보았을 때는 한 없이 약해보이셨던 메시아 예수였지만, 그 안에 있는 강함으로 세상을 바꾸어가기 시작하자, 권세자들과 능력자들이 그분을 시기하고 질투하여 죽이려 하였습니다. 그러나 예수께서는 하나님의 시간이 될 때까지 그들과 부딪히지 않으시고 하나님의 뜻을 이루며 사셨고, 급기야는 세상적으로 가장 낮아 보이는 십자가에 달려 돌아가심으로 세상의 모든 사람들의 눈에 메시아 예수의 삶이 끝이라고 생각하게 만들었습니다. 그러나 메시아 예수는 모든 사람들이 끝이라고 생각하셨던 그 십자가에서 다시 살아나셨습니다. 그리고 하나님의 구원의 계획을 완성하셨습니다. 이렇게 보자면, 메시아 예수의 생애를 한마디로 '연약한 순'과 같은 삶이라고 표현하는 것이 참 적절한 표현인 것 같습니다.

2.3 연약함에 담겨 있는 잠재력

무한한 미래 – 하나님의 나라

　이사야 선지자가 예수 그리스도를 연한 순으로 표현한 세 번째 이유는 연한 순 안에 있는 미래의 잠재력을 표현하기 위함이었습니다. 연약한 순은 이제 막 시작한 생명의 단계를 나타내는 말입니다. 그렇기에 연한 순 안에는 무한한 가능성이 있습니다. 연약한 순은 거목으로 자라나기를 시작하는 첫 단계, 출발점이라는 것입니다. 예수 그리스도께서 이 땅에 오시기 전, 이 세상에는 어떠한 생명도 없었습니다. 그러나 예수 그리스도로 시작된 이 영원한 생명은 연약한 순처럼 힘이 없고 작아 보였지만 그분의 능력 있는 삶과 죽음과 부활을 통해서 성장하고 확대되어 마침내 온 세상에 퍼져나가게 되었습니다.

　하나님의 나라가 이와 같습니다. 겨자씨의 비유에도 나타나 있듯이(막 4:30-32), 겨자씨가 이 땅에 심겨 질 때에는 이 땅의 모든 씨보다 작은 것이로되 심긴 후에는 자라서 모든 풀들보다 커지며 자라서 큰 가지를 내어 공중의 새들이 그 그늘에 깃들인다고 하였습니다. 연약한 순 안에 이러한 모습이 그대로 담겨 있습니다. 처음 땅을 뚫고 땅 위로 올라올 때는 보잘 것 없고 미약하지만, 그 안에 생명이 있습니다. 그래서 자라나며 무한한 미래가 그 안에서 펼쳐져 나갈 수 있는 것입니다.[27]

하나님은 메시아 예수를 통하여 이러한 생명의 확산을 계획하셨습니다. 그리고 그렇게 이루어 졌습니다. 메시아 예수께서는 연한 순처럼 이 땅에서 시작하셨지만, 그 생명은 점차 성장하고 배가 되어서 하나님의 나라를 펼쳐 나갈 수 있도록 하셨던 것입니다. 그러므로 우리 안에 있는 작지만 귀중한 생명에 초점을 맞추어야 합니다. 외적인 화려함이 아니라, 하나님께서 주신 생명이 있다면 그 생명은 지금 보잘 것 없이 작은 것이라도 성장하여 세상을 살릴 수 있는 무한한 미래를 약속하는 생명이라는 것을 알아야 합니다. 그래서 그 생명을 소유하고 있는 우리 그리스도인 모두가 존귀한 존재입니다.[28] 생명이 있는 우리를 통하여 하나님께서는 이 세상을 구원하시며 변화시켜 나아가실 것입니다. 우리 그리스도인들은 하나님의 미래입니다!

무한한 가능성 – 죽음과 부활

연약한 순 안에는 무한한 가능성도 내포되어 있습니다. 왜냐하면 그 의미 안에 예수님의 십자가의 죽음과 부활이 내포되어 있기 때문입니다. 먼저, 그 안에는 세상적인 시각으로는 연약함의 절정이라고 할 수 있는 십자가의 죽음이 내포되어 있습니다. 연약하게 십자가 위에서 죽은 메시아는 세상을 위하여 아무것도 할 수 없다는 논리가 세상적인 논리입니다.[29] 그러나 하나님은 그 세상적인 논리가 잘못되었다는 것을 부활을 통하여 증명해 주셨습니다. 연약함으로 죽으셨지만, 그것이 세상을 구원하는 방법이었다는 것을 부활을 통하여 증명하여 주신 것입니다. 부활은 십자가에서 죽으신 예수님이 다시 살아나신 사건에서 끝나는 것이 아닙니다. 하나님은 부활하신 메시아 예수를 한 없이 높여 주셨습니다. 세상의 모든 권세와 영광이 그 앞에 무릎 꿇게 하셨습니다. 부활하신 메시아 예수는 무한한 영광과 능력을 부여받으셨습니다.[30] 그러므로 연약한 순이라는 표현에는 죽음과 부활을 통하여 열려질 무한한 가능성이 내포되어 있다는 것을 암시하고 있다고 볼 수 있습니다.

이렇게 하나님은 사람들이 전혀 기대하지 못한 모습으로 메시아를 이 땅에 보내셨지만 그 안에는 하나님의 무궁무진한 지혜가 담겨져 있었습니다. 고난 받는 메시아로서 예수 그리스도는 하나님의 지혜이고 하나님의 방법이었던 것입니다. 사람의 지혜로는 도저히 하나님의 지혜를 따라갈 수가 없으면서도, 사람의 지혜로 하나님의 방법을 평가하며 '그 방법은 비천하고 힘이 없는 것'이라고 받아들이지 않는다면, 하나님의 지혜안에 담겨 있는 능력을 경험할 수 없습니다.

2.4 '연약함'에서 배우는 전도자의 자세

세상을 향한 낮아짐

　메시아 예수께서 "연한 순"으로 오셨다는 것은 오늘날 그리스도인들에게 시사하는 바가 많습니다. 왜 메시아 예수가 그러한 모습으로 오셨는가도 알고 배우며 경험해가야 하겠지만, 그러한 예수님의 모습을 닮아가야 할 숙제도 있기 때문입니다. 특별히 세상을 구원하러 오신 예수님처럼, 세상에 복음을 전하며 영혼을 구원하기 위한 전도자들은 전도자의 모델이 되시는 예수님의 모습에서 닮아야할 부분들을 발견할 수 있습니다. 그 모습을 닮을 수만 있다면 전도의 열매는 탁월할 것입니다.

　그렇다면 어떠한 모습을 우선적으로 배우고 닮아야 할까요? 메시아 예수께서 연한 순으로 오셔서 세상을 향하여 한 없이 낮아지신 모습을 배워야 합니다. 즉, 세상이 짓밟고 멸시를 해도 그것에 맞서서 싸우거나 항의하시지 않으셨다는 것입니다. 내가 어떠한 존재인지를 드러내기 위하여 어떠한 조치도 취하지 않으셨다는 것입니다. 복음에 능력이 있지만, 그 능력의 강함만을 바라보는 자들은 한계가 있을 수 있습니다. 복음은 세상적으로 약함이 세상을 변화시켜 나가는 강함임을 보여주고 있기 때문입니다. 그렇기에 복음 안에 있는 강함을 어떻게 표현해 나가야 할 것인가를 예수께 배워야 합니다.

세상은 때때로 내 마음을 몰라주고, 나의 섬김을 무시할 수도 있습니다. 그들에게 짓밟힐 수도 있습니다. 그러나 실망하지 마십시오. 예수께서 그 길을 먼저 걸어 가셨습니다. 그 가운데에서도 자신 안에 있는 생명을 드러내셨습니다. 그렇기에 우리 전도자들이 세상으로부터 주님이 겪으셨던 동일한 공격을 받는다면, 주님을 바라보십시오. 세상의 공격으로부터 주님께 받은 생명을 잃지만 않는다면, 우리 역시 메시아 예수처럼 세상을 변화시켜 나갈 수 있을 것입니다. 이것이 세상을 변화시켜 나아가는 중요한 방법입니다.

생명의 끈질김

다음으로, 전도자들은 예수께서 나타내어 보여주신 생명의 끈질김을 닮아가야 합니다. 메시아 예수는 고난의 과정에서도 세상을 구원하고자 하시는 마음, 우리에게 생명을 주기를 바라는 마음을 결코 포기한 적이 없었습니다. 세상이 아무리 공격하고 무시해도 생명을 포기하거나 잃지 않으셨습니다. 전도자들은 이러한 메시아 예수의 모습을 닮아야 합니다. 그것이 세상을 품고 얻을 수 있는 궁극적인 방법이기 때문입니다. 만약에 예수께서 "연약한 순"으로 오시지 않았다면 그 생명은 쉽게 끊어졌을 수도 있습니다. 그러나 "연약한 순"으로 오셨기에 강한 비바람이 치고 강력한 태풍이 불어도 쉽게 뽑혀서 생명이 끝나지 않았던 것입니다. 우리 전도자들이 바로 이러한 생명의 끈질김을 배워 닮아야 한다는 것입니다.

그러므로 메시아 예수의 마음을 품고 끝까지 한 영혼을 향한 사랑과 생명을 포기하지 말아야 합니다. 쉽게 포기하는 것은 예수님의 마음이 아닙니다. 아무리 어렵더라도 내가 먼저 영혼을 포기해서는 안 됩니다. 나는 힘들고 어려워서 포기할 수 있어도 예수님은 그 영혼을 포기하지 않으십니다. 그렇기에 그러한 예수님의 마음을 가져야 합니다. 그 예수님의 마음으로 세상이 나를 어떻게 대하든지 인내하며 열매를 맺을 때까지 지속적으로 전도해야 합니다. 이렇게 할 수만 있다면 영혼들이 주께로 돌아옵니다! 세상은 변화됩니다! 하나님의 나라가 확장됩니다! 하나님은 이러한 복음의 메시지를 통하여 그리스도인들 한 사람 한 사람이 메시아 예수를 닮아 작은 예수로 세워지기를 기대하십니다.

2장 "연한 순과 같은 메시아"를 마치며:…

메시아 예수를 깊이 알기 위한 질문들

1. 예수께서 "연한 순"의 모습으로 이 땅에 오신 이유가 어디에 있습니까?

2. 메시아 예수의 연약함에 담겨 있는 성육신의 비밀에 대해서 생각나는 대로 정리해 보세요.

3. 하나님께서 한 영혼도 멸망치 않기를 바라시는 마음과 "연한 순"과는 어떠한 관계가 있습니까?

4. 연약함에 담겨 있는 생명력에 관하여 기술해 보세요.

   1)
   2)

5. 연약함에 담겨 있는 잠재력에 관하여 기술해 보세요.

   1)
   2)

6. "연한 순"의 모습으로 오신 메시아 예수의 모습과 하나님 나라가 어떻게 연관되어 설명되어질 수 있을까요?

7. '연약함'에서 배워야할 전도자의 자세를 기술해 보세요.

   1)
   2)

3장

마른 땅에서 나온 줄기와 같은 메시아 예수(53:2b)

"마른 땅에서 나온 뿌리 같아서 고운 모양도 없고
풍채도 없은즉 우리가 보기에 흠모할 만한
아름다운 것이 없도다"

(사 53:2b)

3장

마른 땅에서 나온 줄기와 같은 메시아 예수(53:2b)

　이사야 선지자는 계속해서 메시아 예수를 묘사하고 있습니다. "연한 순"에 이어서 "마른 땅에서 나온 줄기"라고 묘사합니다. 그런데 "마른 땅에서 나온 줄기"라는 표현도 역시 메시아의 연약한 모습이 강조된 표현입니다. 하지만 앞에서 묘사한 "연한 순"과는 차이가 있는 표현입니다. 메시아 예수를 "줄기"로 표현하고 있기 때문입니다. 하나님은 이 표현을 통하여 메시아 예수가 어떠한 상황에서 이 땅에 오셔야 했는지를 제시하고 계시며, 소망이 없어 보이는 이 땅에 소망이 있음을 강조하십니다.
　성경에도 나타나 있듯이, 예수께서 이 땅에 오셨을 당시, 그 시대는 영접 받고 환영받았던 시대는 아니었습니다. 세상은 메시아 예수를 영접하지도 않았으며 반기지도 않았습니다. 하나님께서는 그러한 시대의 상황이 메마른 땅과 같았다는 것을 나타내고 계신 것입니다. 그러나 아무리 땅이 메말라도, 물이 없어 그 땅에 어떠한 생명이 살 수 없을 것 같아도, 그 땅을 뚫고 나온 하나의 생명이 있었음이 강조되고 있습니다. 메마른 땅에서 솟아난 생명이며, 미래를 위한 희망입니다! 메시아 예수는 메마른 땅에 이러한 희망을 가지고 오신 분이십니다! 세상에 생명이 없어 죽어가더라도, 인간적인 관점에서 보자면 어떠한 소망이 생겨날 것 같지 않는 상황에서도, 더 이상 기대할 것이 없어 보이는 그때에도, 소망을 가질 수 있다는 것을 하나님은 보여주고 계십니다.

그렇기에 우리가 살고 있는 이 땅을 세상적인 관점에서만 바라보아서는 안 됩니다. 죽어가는 소망이 없는 모습만 바라보고 아파해서만도 안 됩니다. 세상의 상황이 어떠하더라도 하나님의 심판의 때가 되기 전에는 소망이 있습니다! 왜냐하면 하나님께서 보내주신 마지막 생명의 보루인 메시아 예수가 계시기 때문입니다! "메마른 땅에서 나온 줄기"라는 표현은 바로 이러한 내용을 강조하고 있는 것 같습니다. 그렇다면 메시아 예수에 관하여 서술하고 있는 이 표현은 어떠한 구체적인 의미를 더 내포하고 있을까요?

3.1 마른 땅이 가지고 있는 상징적 의미

이스라엘의 영적인 상태

메시아 예수를 "메마른 땅에서 나온 줄기"라고 표현한 이유가 어디에 있을까요? 먼저, 이사야 선지자가 "마른 땅"이라고 표현한 이유는 예수 그리스도께서 오셨을 당시 이스라엘의 영적 상태가 마른 땅과 같았기 때문입니다. 예수 그리스도를 메시아로 받아들일 수 있는 영적인 준비가 전혀 되어 있지 않았다는 것입니다.[31] 나름대로는 금식을 하고, 나름대로는 신앙생활을 유지하고, 나름대로는 하나님을 섬긴다고 열심을 내고 있었지만, 이스라엘은 말라기 선지자 이후부터 세례 요한이 오기까지 약 400여 년을 영적인 암흑의 시기로 보내고 있었습니다.[32] 그 시기에도 나름대로 하나님을 섬기던 에세네파도 있었고, 바리새파, 사두개파와 열심당원들도 있었지만 하나님의 임재가 없는 시대였습니다.[33] 하나님과의 관계가 끊어져 버려 더 이상 하나님의 능력이 나타나지 않는 시대였습니다.

아무리 노력해도 황폐해질 뿐인 시기였던 것입니다. 예수를 믿어도 마음이 황폐해질 때가 있지 않습니까? 나름대로 기도를 하고 나름대로 금식을 하고 나름대로 노력을 해도 오히려 그 기도가 지치게 하고 금식이 힘들게 할 때가 있지 않습니까? 그렇다고 기도하지 말고 금식하지 말라는 것이 아닙니다. 그러나 이렇게 마음이 메말라갈 때는 문제가 있다는 것입니다. 우리의 신앙이 형식으로 흘러간다는 싸인(sign)일 수 있습니다. 즉, 주님의 임재를 경험하지 못하는 신앙생활을 하고 있다는 것이지요. 관계가 끊어져 있기 때문에 그런 행위만으로는 황폐해져가고 메말라 가는 마음을 채우지 못합니다. 메시아 예수께서 오실 그 때에도 이스라엘 사람들의 영적인 상태가 이와 같았습니다.

그리스도인들이 흔히 범할 수 있는 영적인 무지를 여기에서 찾아 볼 수 있습니다. 즉, 자신이 스스로를 평가해 볼 때, 하나님의 임재를 경험하지 못해도 나름대로 신앙생활을 열심히 하고 있다면 예수를 잘 믿고 있다고 생각할 수 있다는 것이지요. 자신의 신앙이 무미건조하고 감동이 없으며 무엇인가 변화되어야 한다고 생각은 하지만, 나름대로 노력하고 있고 종교적인 행위를 중단하지 않았기에 괜찮다고 생각하는 것입니다. 그러나 하나님과의 만남을 통한 인격적인 관계가 깨어진 신앙의 행위는 그리스도인들의 신앙을 형식적인 모습으로 끌고 갑니다. 이러한 모습을 "마른 땅"이라고 표현할 수 있습니다. 더 이상 생명이 살아날 수 없는 환경이라는 것입니다. 살아 있는 모든 생명이 죽은 땅입니다.

문자로 "마른 땅"이라는 표현을 읽을 때에는 그 단어가 담고 있는 중요한 의미를 잘 느낄 수 없을지 몰라도, 농사를 짓는 농부의 입장에서 그 단어를 묵상한다면 매우 심각한 상황이라는 것을 알 수 있습니다. 물이 말라서 쩍쩍 입이 벌어지는 듯한 땅의 모습! 모든 생명을 말라 죽게 만드는 땅! 이제는 어떠한 생명의 희망을 가질 수 없는 땅의 모습이 바로 "마른 땅"입니다. 농부의 입장에서는 가슴을 쓸어내리며 눈물을 머금고 지켜보아야 할 땅이 바로 "마른 땅"입니다. 그렇기에 이 단어에는 "마른 땅"을 바라보시는 아버지의 안타까운 심정도 함께 담겨져 있다고 생각할 수 있습니다.

멸망을 향해 달려가는 세상의 상태

"마른 땅"이라는 표현은 이스라엘의 영적인 상태를 드러낼 뿐만 아니라, 예수 그리스도께서 오셨을 당시 세상의 상태를 나타낸 표현이라고도 볼 수 있습니다. 특별히, 예수님께서 오셔서 맞부딪치셔야할 그 시대의 대표적인 도시인 로마의 상태를 드러낸 말이기도 합니다. 그 시기는 로마가 통치하던 시기였는데, 비록 화려한 문화를 만들고 웅장한 건축물을 세우며 로마의 위대함을 자랑하기도 하였지만, 육체적인 쾌락을 추구하며 방탕하여 국가적인 기반이 점차 무너져가고 있던 때였습니다. 하나님의 백성들도 암흑의 시기를 보내고 있지만, 세상 역시 극도로 타락하여 사회의 기반이 무너져가고 있는 시간이었습니다.

당시 로마는 겉으로 보기에 위대해 보였고 세상의 정복자처럼 보였지만, 그들의 내부는 썩었고 서서히 무너져 가고 있었습니다. 치열한 정권의 싸움, 극도의 쾌락을 추구하는 방탕한 세상,

인륜의 기본이 되는 기준들이 무너지고 인간의 쾌락만을 추구하며 패륜의 모습을 보여주고 있었습니다.[34] 동성애의 모습도 그 시대에는 자연스러운 모습이 되어버렸습니다.[35] 도대체 그 세상을 바라 잡을 수 있는 소망과 희망을 바라볼 곳이 없어 보였습니다. 세상 어디를 보더라도 미래의 소망을 가질 수 있는 곳이 없어 보였습니다.

바로 그 시기에 메시아 예수께서 오셨습니다. 그러한 세상을 구원하러 오셨습니다. 그렇기에 예수께서 메시아 이십니다. 하나님은 예수님이 오실 그 시기가 바로 세상적으로도 암울한 "마른 땅"의 시기였음을 가르쳐주고 계신 것입니다. 이 세상 그 어디에서도 물 한 방울 찾아볼 수 없는, 그 어디에서도 단 하나의 생명도 찾아 볼 수 없는, 가는 곳마다 메마르고 황폐하여진 땅에 예수께서 오신 것입니다.

3.2 세상의 마지막 희망으로서의 줄기

그래도 소망은 있다

이사야 선지자는 예수님이 이 땅에 오셨던 시기가 영적으로나 세상적으로 황폐하여 생명을 찾아볼 수 없었던 시기이지만, 그 땅에서 한 줄기의 생명이 올라왔다고 기록합니다. 반전의 모습이지요! 도저히 생명을 기대할 수 없는 상황에서 생명이 나타났기 때문입니다. 바로 이것이 하나님의 방법입니다! 생명을 전혀 기대할 수 없는 메마른 땅에서 하나님의 방법으로 한 줄기의 생명의 싹을 틔우신 것입니다. 그 생명의 싹이 메시아 예수이십니다. 그 분이 생명의 근원이신 메시아 예수이십니다. 황폐한 이 땅에도 다시 생명이 시작될 수 있다는 하나님의 싸인이었습니다.

아무리 메마르고 황폐한 땅이라 해도 예수께서 계신 곳에는 생명이 있습니다. 물 한 방울 없이 쩍쩍 갈라진 땅이라도 예수가 오시면 생명이 시작됩니다! 기독교가 이 세상에 존재하는 이유가 바로 여기에 있지 않겠습니까? 예수를 믿어야 하는 이유도 바로 여기에 있습니다! 대부분의 사람들은, 그들에게 돈이 있고 능력이 있어도, 자기 한계 때문에 살아가다가 지치고 무너져서 생명을 잃어갑니다. 마치 극심한 가뭄에 땅이 쩍쩍 갈라지듯 황폐한 삶을 살아가기도 합니다. 그런데 정작 그러한 모습이 되면 이제는 자신의 힘으로 그 삶을 되돌이킬 수 없습니다. 회복할 수 있는 힘이 자신에게는 없는 것입니다. 그렇기에 죽음을 기다리며 황폐한 삶을 살아가야만 합니다. 얼마나 불쌍한 모습입니까? 그러나 바로 그러한 상황이라도 그 상황을 되돌이켜 놓을 수 있는 분이 계십니다. 그분이 메시아 예수입니다. 오직 그분만이 "마른 땅"에서도 생명을 가지고 그 생명을 흘려 내보내실 수 있는 분이시기 때문입니다.

예수 안에 생명이 있기에, 예수 안에서만 그 생명을 얻을 수 있고 흘려 내보낼 수 있기에 예수를 믿어야 합니다. 예수의 생명이 있는 사람들의 모습을 보십시오! 생명이 있는 사람은 생기가 넘치고, 사랑하고, 변화를 일으킵니다. 그런데 생명이 사라진 사람들은 시기하고 질투하고 원망하고 불평하며 살아갑니다. 뿐만 아니라 이 세상을 살아갈 이유와 근거를 잃어버리고 방황하게 됩니다. 만약 우리 안에 이런 모습들이 있다면, 그것은 우리 안에 생명이 사라져간다는 하나의 증거가 됩니다. 아무리 예수를 잘 믿는다고 하더라도 마음속에 그런 황폐함이 있다면 예수의 생명이 사라져 간다는 증거일 수 있다는 것입니다.

"마른 땅에서 나온 줄기"라는 표현은 세상에 소망을 주는 메시지입니다. 아무리 세상이 마른 땅과 같다고 할지라도, 다시 시작되는 생명이 있기에 소망을 가질 수 있다는 메시지입니다. 메시아 예수만 계시면 소망이 있다는 것입니다. 그렇기에 교회의 죽어져 가는 모습만 보고 불평하며 힘들어만 하지 마십시오. 그리스도인들끼리 싸우고, 세상 사람보다 못하게 살아가는 모습을 보며 한탄만 하지 마십시오! 세상 속에서 인류의 기준이 무너지고, 패륜의 모습을 바라보며 이제는 끝났다고만 생각하지 마십시오! 내가 지금까지 보고 경험한 것보다도 더 심각한 상황이 발생된다고 할지라도 소망은 있습니다! 마른 땅에서도 생명을 틔우시고 그 생명을 흘려 내보내시는 메시아 예수가 계시기 때문입니다.

교회가 세상의 소망이다

아무리 세상이 황폐해져가도 소망이 있다고 하였습니다. 그 소망은 메시아 예수께 있습니다. 그렇다면 황폐한 세상에 소망의 등불을 밝혀 주어야할 주체가 어디입니까? 바로 교회입니다. 왜냐하면 교회는 메시아 예수의 몸이기 때문입니다. 다시 말하자면, 교회는 메시아 예수를 머리로 하여 그 몸의 지체를 이루고 있기 때문입니다. 그러므로 교회가 이 세상의 소망의 등불을 밝혀 주어야 합니다. 아무리 세상이 메마르고 황폐해져가도 소망이 있다고 외쳐야 할 곳이 교회이고, 세상이 부패와 부조리로 그 밑바닥을 친다고 하여도 다시 일어날 수 있다고 희망의 소리를 외쳐야 할 곳이 교회입니다. 교회는 세상의 마지막 보루입니다. 메시아 예수를 교회의 머리로 삼고 있기 때문입니다. 그 안에 생명이 있기 때문입니다.[36]

오늘날 교회의 모습을 보며 실망하는 사람들이 많습니다. 어떻게 보자면, 세상의 다른 단체나 사람들보다도 더 못한 부분이 많아서 '과연 교회를 통해서 세상이 변화될까?' 의심하는 사람들도 많습니다. 더 이상 교회를 통한 소망을 볼 수 없다고 단정하기도 합니다. 그러나 기억해야 합니다! 그럼에도 세상의 마지막 소망은 교회입니다! 교회 안에 예수의 생명이 있기 때문입니다. 생명의 영향력이 희미해 졌더라도, 그 안에서 생명의 역사가 시작될 수 있습니다. 이 사실을 알 수 있다면, 이제 교회는 그 안에 담고 있는 생명을 극대화하여 세상에 흘려보낼 수 있어야 합니다.

물이 없어 메마른 땅, 생명이 없어 죽어가는 그 땅에 한 줄기 생명이 하나님의 힘으로 말미암아, 하나님의 능력으로 말미암아 그 땅을 뚫고 나왔습니다. 바짝 말라 딱딱하게 굳어진 그 메마른 땅을 뚫고 한 줄기 생명의 싹이 솟아났습니다. 그 한 줄기의 생명으로 모든 사람들 안에서 생명이 싹 틀 수 있는 준비가 된 것입니다. 생명이 시작될 수 있게 된 것입니다. 이것이 소망입니다. 예수 그리스도 안에 있는 소망입니다. 교회가 그 소망을 담지(擔持)하고 있습니다. 어떠한 메마른 땅도 뚫고 생명의 싹을 틔울 수 있는 분, 바로 메시아 예수께서 진두지휘하시는 곳이 교회입니다. 보이는 교회의 모습이 인간적으로 바랄 것이 없다고 하여도, 하나님은 그곳에서 생명을 시작하게 하십니다. 그 생명을 왕성하게도 하십니다. 다른 어떤 곳에서도 세상을 변화시킬 수 있는 생명을 담고 있는 곳이 없습니다!

3.3 마른 땅의 줄기와 하나님의 구원의 방법

기대할 수 없는 방법과 하나님의 지혜

메시아 예수는 메마른 땅에서 한 줄기 솟아난 연약한 생명이기에 고운 모양도 없고 풍채도 없어서 우리가 보기에 흠모할 만한 아름다운 것이 전혀 없었다고 선지자는 2절 마지막에서 말하고 있습니다. 이러한 언급은 다분히 메시아 예수께서 이 땅에 오신 외적인 표현만을 가지고 세상적인 잣대로 평가한 말입니다. 우리의 기준에서 보았을 때, 우리의 잣대로 평가했을 때는 메시아이신 예수 그리스도에게는 우리의 마음을 끌만한 외적인 매력이 전혀 없었다는 것입니다. 외적인 모습조차 사람들의 기대와는 전혀 다른 모습이었다는 것입니다.

우리 안에서 완악해지고 굳어져 있는 마음 때문에 마른 땅의 줄기와 같은 모습으로 우리에게 오셨습니다. 수없이 예수 그리스도에 대해 이야기해 왔지만 믿지 않고 받아들이지 않는 우리의 마음 때문에, 수없이 하나님의 능력을 보여주었지만 또 다른 새로운 능력을 구하는 우리의 태도 때문에 그렇게 연약한 모습으로 오신 것입니다. 그래서 이사야 선지자는 우리의 완악하고 굳어진 마음과 태도를 1절에서 지적하고, 이러한 모습 때문에 메시아는 우리가 전혀 기대하지 않는 모습으로 오신다고 2절에서 이야기하고 있는 것입니다.

만약, 메시아 예수께서 우리가 기대하는 모습으로 오셨다면, 그렇게 기대했던 사람들은 메시아를 받아들일 수 있었을지 모르겠지만, 그렇지 못한 사람들은 어떻게 메시아를 받아들일 수가 있었겠습니까? 세상이 메시아를 받아들이지 않는다면 죄의 속박 가운데 살다가 영원한 죽음에 이르게 될 텐데 하나님께서 어떻게 당신의 자녀들을 포기할 수 있겠습니까? 이것이 하나님 아버지의 마음이고, 그 마음을 품고 오신 분이 메시아 예수입니다. 그렇기에 한 사람도 예외 없이 모든 사람들을 다 품기 위해서, 하나님께서만 하실 수 있는 하나님의 지혜, 하나님의 방법으로 세상을 용납하고 품을 수 있는 방법으로 메시아 예수를 보내신 것입니다. 밟으면 밟히고, 멸시하면 멸시 받으며, 무시하면 무시를 받으면서도, 끝까지 모든 사람들을 품고 포기하지 않는 모습으로 이 땅에서 보내셔야만 했습니다.

　세상 사람들이 무시하는 것은 상관이 없습니다. 세상 사람들의 눈에 천박하게 보여도 상관없습니다. 세상 사람들의 눈에 어떻게 보이느냐가 중요한 것이 아니라, 세상을 살리고 구원하는 것이 중요하기 때문입니다. 비록 처음에는 메시아 예수를 무시했어도, 그들의 영적인 눈이 열려지고 하나님과의 관계가 회복되어지면 메시아 예수의 참모습이 보여 질 것이기 때문입니다. 바로 여기에서, 오늘날 그리스도인들이 신앙생활을 하면서 가져야할 태도가 보입니다. 그리스도인들은 세상 속에 있는 작은 예수입니다. 그렇기에 세상이 자랑하는 것들만을 추구해서는 안 됩니다. 세상적인 것들로 무장해서도 안 됩니다. 비록, 세상적인 기준으로는 흠모할만한 것이 없다고 할지라도, 메시아 예수께서 그러하셨듯이, 생명을 소유한 자이어야 합니다. 세상을 변화시킬 수 있는 힘과 능력을 소유한 자이어야 합니다.

포기하지 않으시는 하나님의 열심

우리는 우리의 눈이 어두워서, 그리고 우리의 무지 때문에, 메시아 예수를 존귀하게 여기지 못했습니다. 그러나 그 분은 우리의 환영 없이도, 구원을 위한 우리의 열렬한 준비 없이도, 세상을 구원하시고하는 하나님의 계획을 포기하지 않으시고 이 땅에 오셨습니다. 짓밟힌 채로, 시달린 채로, 멸시당한 채로, 자신의 생명을 포기하지 않고 생명을 이 땅에 심어 가셨습니다. 그 메시아 예수 때문에 오늘 우리가 이렇게 존재하는 것입니다.

하나님은 한 번도 이 땅을 구원하기 위한 노력을 포기하신 적이 없습니다. 우리를 구원하기 위한 일을 포기한 적이 없습니다. 우리가 어떤 모습을 보여도 한 번도 포기한 적이 없습니다. 우리가 '하나님은 없어!'라고 울부짖었을 때에도, '하나님 나에게 어떻게 이럴 수 있으세요?'라고 반문하던 그 때도, 하나님은 우리를 구원하기 위한 노력을 포기한 적이 없었습니다. 그 모습이 연한 순과 같으셨고, 마른 땅에서 나온 줄기와 같으셨습니다. 밟히고 찢기고 무시당한다고 하더라도 그 안의 생명을 끝까지 포기하지 않으셨고, 결국 세상 사람들이 그 생명 앞으로 나올 수 있도록 하셨습니다. 이사야 선지자는 이러한 하나님의 마음, 이 세상을 한 번도 포기하지 않으셨던 그 하나님의 마음을 깨닫고 나서, 53장의 서두에서 이러한 하나님의 마음을 독자들에게 가르쳐 주고 싶었던 것 같습니다.[37]

이 땅에 태어나서 포기하지 않는 끝없는 사랑을 경험하신 적이 있습니까? 한 번도 나를 혼자 두지 않고 불꽃같은 눈으로 나를 지켜보는 사람의 사랑을 경험한 적이 있습니까? 나는 믿을 수 없어 배신하였고, 또 비난하였지만, 어떠한 상황에서도 나를 향해 사랑의 눈으로 울먹이며 떠나지 않는 사랑을 경험해 본적이 있습니까? 이사야 53장 1-2절의 내용에 나타난 하나님의 모습을 요약하자면 바로 이러한 모습입니다. 결단코 포기하지 않는 하나님의 열심인 것입니다. 그리고 그 열심을 그대로 이어받아 이 땅에 오신 분이 메시아 예수이십니다.

이러한 메시아 예수의 모습에 대해 얼마나 묵상해 보셨습니까? 예수 그리스도 안에 담긴 하나님의 지혜를 발견하기 위해 얼마나 노력해 보셨습니까? 바울 사도는 "모든 것을 해로 여김은 내 주 그리스도 예수를 아는 지식이 가장 고상하기 때문이라(빌 3:8)"고 말하였습니다. 그런데 이렇게 존귀한 메시아 예수를 존귀하게 여기지 못하는 모습은 그 당시 유대인이나 우리들이나 별반 다르지 않은 것 같습니다.

한 번은 제가 가르치는 학생들과 함께 제주 열방 대학의 채플에 참석했던 적이 있었습니다. 열방 대학의 예배가 기름 부으심이 강하기 때문에 기회가 닿는 대로 예배에 참석하곤 하였습니다. 그 날도 그 자리에 참석한 많은 사람들과 함께 찬양을 부르고 있었는데 예배 인도자가 갑자기 눈물을 흘리는 것이었습니다. 예배 인도자라면 아무리 은혜가 있어도 예배를 이끌어 가기 위해 중심을 잡고 감정을 절제해야 된다고 생각하는데, 예배 인도자가 감정을 주체하지 못하고 그 자리에 멈추어 서서 눈물을 흘리는 모습을 보니 충격을 받지 않을 수 없었습니다.

> 내 안에 주를 향한 이 노래 영원한 노래 있으니 날 향한
> 주님의 크신 사랑
> 영원히 찬양하리라 영원히 찬양하리라 아름다우신
> 오 놀라우신 형언할 수 없는 사랑
> 오 위대하신 하나님의 사랑 영원히 찬양하리
> 십자가 그사랑 찬양하리 날 구원하신 그사랑 내 삶을 드려
> 찬양하리라 놀라우신 주의사랑
> 영원히 찬양하리라 아름다우신 오 놀라우신 형언할 수 없는 사랑
> 오 위대하신 하나님의 사랑 영원히 찬양하리
> 주와 같은 분은 없네 이 세상 그 누구도주와 같은 분은 없네
> 누구도 비길 수 없네
> 아름다우신 오 놀라우신 형언할 수 없는 사랑 오 위대하신
> 하나님의 사랑 영원히 찬양하리

예배 인도자는 예수 그리스도의 사랑을 찬양하면서 그 사랑의 아름다우심과 놀라우심이 더욱 깊이 깨달아지며 그 사랑에 압도되어 하염없이 눈물을 흘리고 있었던 것입니다. 그 모습을 보면서, '나는 예수 그리스도를 묵상하면서 이렇게 울어본 적이 있는

가? 왜 나는 저 사람만큼 저렇게 깊이 있게 예수 그리스도를 알아가고 경험해 가지 못하는 것일까?'라는 질문들이 제 마음 깊이 와 닿았습니다.

여러분들에게도 동일한 질문을 드리고 싶습니다. "예수 그리스도를 묵상하면서 얼마만큼 울어보셨습니까?", "예수 그리스도를 얼마만큼 알아가고 얼마만큼 경험해 가고 계십니까?" 이 질문은 이사야 53장을 묵상하면서 가장 많이 떠올렸던 질문이기도 합니다. 그리고 이 질문은 그리스도인들에게 가장 기본적인 질문이기도 할 것입니다. 그러나 가장 답변하기 힘든 질문일 수 있습니다. 이러한 질문에 대하여, 예수 그리스도가 누구신지에 관해 내가 알고 있는 지식을 집약하여 대답할 수는 있겠지만 그것으로 만족할 수 있을까요? 나름대로 알고 있는 지식으로 예수 그리스도에 대해 이야기할 수 있겠지만, 성경이 말하는 예수 그리스도를 얼마나 표현해 낼 수 있을까요? 예수 때문에 구원받은 우리는 예수를 닮은 데까지 성장해야 하는데, 그렇다면 예수 그리스도께서 우리 신앙의 모든 것이 아닙니까? 그런데 예수 그리스도를 얼마만큼 알고, 얼마만큼 경험했는가는 별개의 문제인 것 같습니다.

이사야 53장의 말씀을 통해 메시아 예수의 모습을 깊이 있게 묵상해 볼 수 있기를 바랍니다. 그리고 그 사랑을 깊이 경험해 갈 수 있기를 바랍니다. 지식적으로 알아가고 경험하는 것에서 더 나아가, 예수 그리스도의 모습을 닮아가는 데까지 나아가야 합니다. 단지 지식적으로 아는 것에서 끝나면 아무런 의미가 없습니다. 많은 지식이 우리를 바꾸는 것이 아니라 그 지식을 믿고 실천하려고 노력할 때, 그러한 노력 가운데 우리의 삶이 예수 그리스도를 닮아가며 변화될 것이기 때문입니다.

3.4 마른 땅의 줄기에서 배우는 전도자의 자세

세상은 변화될 수 있다

메시아 예수께서 "마른 땅에서 나온 줄기"와 같다는 말에 전도자들은 주목해야 할 부분이 있습니다. 먼저는 세상을 바라보는 안목입니다. 예수의 생명이 없는 세상은 마른 땅과 같다는 것이지요. 나름대로 모든 것을 갖추고 살아도 그 마음의 한 구석에는 마른 땅처럼 갈라진 구석이 있습니다. 즉, 나름대로 모든 것을 갖추고 있는 것처럼 보이지만 그 마음 내면 깊은 곳으로 가면 황폐해져 있고 마른 땅처럼 쩍쩍 갈라져 있는 것을 볼 수 있어야 한다는 것입니다. 또한 화려한 세상의 이면에는, 메마름으로 점차 죽어가는 현실이 있음도 깨달아야 합니다. 즉, 기술이 발전하고 문명이 발달해도 세상은 시간이 흐를수록 더욱 황폐해지고 메마른 땅처럼 힘들고 어렵게 살아갑니다. 생명의 예수가 없기 때문입니다. 이것이 복음적인 안목으로 세상을 바라보는 것입니다. 이 모습들이 보여 져야 하나님 아버지의 마음을 깨달을 수 있고, 세상을 변화시킬 수 있는 준비를 할 수 있습니다. 복음전도의 동기가 되어 질 수 있기 때문입니다.

그러나 전도자들은 세상의 메마른 모습 속에서, 그들을 살리고자 하시는 아버지의 마음을 동시에 읽고 깨달아야 합니다. 반드시 내 자녀들을 살리시겠다는 아버지의 마음이 전달되어야한다는 것이지요. 때로는 세상의 메마름이 너무 커서, 그리고 너무 황폐해서 내 힘으로는 아무것도 할 수 없다고 포기하고 싶을 때에라도, 세상을 한 번도 포기하지 않으셨던 아버지의 마음을 보아야 합니다. 내 안에 있는 예수의 생명이 세상을 바꾸어가는 힘의 원동력이 됨을 깨달아야 합니다. 비록 작아 보여도, 내 안에 있는 예수의 생명만이 세상을 바꾸어 감을 믿어야 합니다. 그때 능력 있는 전도가 행해질 수 있습니다.

또한 전도자들은 메마른 땅에서 한 줄기 생명으로 솟아난 예수 그리스도를 닮아가는 모습이 있어야 합니다. 예수 그리스도의 생명을 가지고 그 메마르고 황폐한 땅에서 한 줄기 생명으로 우뚝 설 수 있어야 합니다. 주변의 모든 것들이 다 죽어간다고 할지라도, 예수 닮은 전도자는 예수의 생명을 지니고 있어야 합니다. 그 작은 생명 때문에 주변이 살아날 수 있기 때문입니다. 그 작은 생명 때문에 그 지역이 살아날 수 있는 것입니다. 가정 안에서, 남편도 마음에 들지 않을 수 있고, 아내도 마음에 들지 않을 수 있습니다. 자녀들이 원하는 대로 커주지 않을 수도 있습니다. 그러나 그러한 가정이라고 할지라도 내가 가지고 있는 예수의 생명은 내 가정을 변화시킬 수 있습니다. 모든 것들을 변화시킬 수 있는 근원적인 힘은 바로 예수의 생명이기 때문입니다. 중요한 것은 그 가운데서도 내가 예수 그리스도처럼 마른 땅을 뚫고 나오는 줄기가 될 수 있다면, 나 하나만 생명의 줄기가 될 수 있다면, 척박한 내 가족이 예수의 생명으로 충만할 수 있습니다.

내가 마지막 생명이다.

전도자들은 메시아 예수처럼, 세상의 모든 생명의 빛이 꺼져 간다고 할지라도, 내가 이 세상을 살릴 수 있는 마지막 생명이라는 자세를 지녀야 합니다. 내 안의 생명의 빛이 꺼지면, 세상의 모든 생명의 빛은 꺼질 수 있다는 책임감도 가져야 합니다. 비록 외롭고, 고독하고, 힘들지만, 내 안에 있는 생명의 능력을 믿어야 합니다. 메시아 예수도 이 땅에 오실 때, 천사들, 혹은 함께 할 수 있는 다른 존재들과 같이 오시지 않았습니다. 유일한 생명의 존재로서 홀로 오셨습니다. 숫자가 중요한 것이 아닙니다. 나 혼자라도 생명이 있다면 세상은 변화됩니다! 그러므로 전도자들이 메시아 예수를 닮아가려할 때, 선별적으로 내가 원하는 것들만 닮으려고 해서는 안 됩니다. 예수 안에 있는 신비한 능력만 닮으려고 해서도 안 됩니다. 때리면 맞고, 밟으면 밟히면서, 그러나 그 과정 속에서도 이 땅을 구원하기 위한 당신의 생명을 포기하지 않으신 분! 그 척박한 땅에서 생명을 틔우신 분! 그 생명의 예수를 닮아가야 합니다.

얼마 전에 저는 '주리'라고 하는 찬양사역자를 알게 되었습니다. 그 사람이 "천 번을 불러도"라는 제목의 찬양을 부르는 것을 들었는데, 이 찬양을 들으면서 참 많이 울었습니다. "천 번을 불러 봐도 내 눈에는 눈물이 멈추지 않는 것은 십자가의 그 사랑"이라는 가사였는데, 예수의 이름을 천 번을 불러도 내 눈에서는 눈물이 나올 수밖에 없다는 고백이었습니다. 이 찬양의 고백을 통해 예수 그리스도께서 과연 누구신가? 나에게 어떤 분이신가? 이 세상에 어떤 분으로 오셨는가? 묵상하게 되었습니다. 과연 메시아 예수는 나에게 어떤 분이십니까?

천 번을 불러 봐도 내 눈에 눈물이
멈추지 않는 것은 십자가의 그 사랑
나를 살리려 지신 그 십자가
모든 물과 피 나의 더러운 죄 씻으셨네
나를 향한 그 사랑 생명을 내어 주사
영원한 생명을 내게 주심을 감사해

천 번을 불러도 내 눈에는 눈물이
멈추지 않는 것은 십자가의 그 사랑
나를 살리려 하늘 보좌 버리신
나를 사랑하신 분 그분이 예수요

3장 "마른 땅에서 나온 줄기와 같은 메시아 예수"를 마치며...
메시아 예수를 깊이 알기 위한 질문들

1. 마른 땅이 가지고 있는 상징적인 의미를 기술해 보세요.

   1)
   2)

2. 세상이 부패해져만 가도 소망이 있는 이유를 "마른 땅의 줄기"와 관련하여 기술해 보세요.

3. 교회의 영향력이 쇠퇴해가며, 세상과 다를 바 없을 정도로 부패해 가도 세상의 소망이 되는 이유를 기술해 보세요.

4. "마른 땅의 줄기"에서 찾아낼 수 있는 하나님의 구원의 방법을 기술해 보세요.

   1)
   2)

5. "마른 땅의 줄기"에서 배워야할 전도자의 자세는 어떠한 것이 있을까요?

   1)
   2)

6. 기독교를 생명의 공동체라고 말하는 이유를 말해보세요.

4장

고난의 메시아 예수
(53:3-4)

"그는 멸시를 받아 사람들에게 버림 받았으며 간고를
많이 겪었으며 질고를 아는 자라 마치 사람들이
그에게서 얼굴을 가리는 것 같이 멸시를 당하였고
우리도 그를 귀히 여기지 아니하였도다 그는 실로 우리의
질고를 지고 우리의 슬픔을 당하였거늘 우리는 생각하기를
그는 징벌을 받아 하나님께 맞으며 고난을 당한다 하였노라"
(사 53:3-4)

4장

고난의 메시아 예수(53:3-4)

　세상이 흠모할만한 어떠한 모습을 지니지 않으신 채 이 땅에 오신 메시아 예수는 이제 세상을 구원하시기 위한 본격적인 행보를 시작하십니다. 그런데 그 본격적인 행보의 핵심은 이 땅에서 고난을 받으시는 것입니다. 점점 더 이해하지 못할 모습입니다. 비록 나약한 모습으로 초라하게 이 땅에 오셨어도, 세상을 구원하시기 위한 본격적인 행보를 위해서는 숨겨진 어떠한 능력이라도 나타나야 하지 않을까요? 어떻게 메시아가 받으시는 고난이 세상을 구원할 수 있는 방법이 되는 것일까요?
　인간의 지혜로는 하나님의 지혜인 구원의 방법을 모두 이해할 수 없습니다. 그렇기에 인간의 지혜로만 하나님의 방법을 평가

하려고 하는 것은 잘못된 일입니다. 하나님은 세상을 구원하시기 위하여 철저하게 계획하시고 계산하셨습니다. 그리고 메시아 예수의 고난을 준비하신 것입니다.

왜 고난입니까? 어떻게 고난을 통하여 세상을 구원한단 말입니까? 힘없이 고난을 당하시고 계시는 예수가 세상의 구원자가 맞습니까? 우리는 세상의 구원을 위한 하나님의 지혜를 어떻게 알아갈 수 있습니까? 여기에서 분명한 것은, 메시아가 당하신 고난은 세상의 구원을 위한 고난이지, 다른 어떠한 이유로 고난을 당하신 것이 아닙니다. 구원을 위한 것이 아니라면 어떻게 죄 있는 세상이 하나님이신 메시아 예수에게 고난을 줄 수 있단 말입니까? 이제 위에서 던진 질문들에 대해서 답을 정리하며 세상을 구원하기 위한 하나님의 지혜를 알아가 보도록 하겠습니다.

4.1 메시아의 고난(1) – 세상과 하나가 되는 방법

메시아가 당한 멸시, 간고, 질고

이사야 53장 1,2절의 말씀이 이 땅에 오실 메시아의 외적인 모습과 그분의 궁극적인 사역을 비유적으로 표현하고 있다면 3,4절은 메시아가 이 땅에 오셔서 당하게 될 고난에 대해 이야기하고 있습니다. 이스라엘이 기대했던 메시아는 그들을 포로에서 구출해 내고 강력한 나라를 세울 수 있는 정치적이고 경제적인 메시아였지만, 하나님께서 보내 주실 메시아는 이 땅에 오셔서 고난 받는 종이 될 것이라고 말씀하고 계신 것입니다. 그런데 이러한 고난은 메시아 예수께서 세상과 하나가 될 수 있는 방법이었습니다. 세상과 하나가 되지 않고는 세상을 알 수 없으며, 세상을 알지 못하는 자가 세상을 구원한다는 것은 어폐(語弊)가 있기 때문입니다. 그래서 메시아 예수는 세상을 구원하기 위하여, 먼저 세상과 하나가 될 수 있는 방법을 택하셨습니다.

그러면 왜 고난을 통하여 세상과 하나가 되어야만 했습니까? 왜 멸시를 당하시고 질고를 겪으셔야만 했을까요? 대답을 서술하기에 앞서서, 3,4절의 말씀을 깊이 묵상해 보면, 먼저 메시아이신 예수 그리스도께서 이 땅에서 어떤 고난과 아픔을 겪으셨고, 그런 고난을 당하셔야만 하는 이유가 무엇이었는지 깨달아 알 수 있습니다. 이사야 53장 3절에서는 메시아가 이 땅에 오셔서 당하실 고난을 세 단어로 압축해서 표현하고 있습니다. 그 단어는 '멸시', '간고', '질고'입니다. 잘 쓰지 않는 어려운 단어인데, '간고'라는 말은 '아픔, 슬픔'이라는 말로 영어 성경에서는 "sorrow(큰 슬픔)"이라는 단어로 쓰였습니다.[38] '질고' 라는 말은 '육체의 연약함' 또는 '질병'이라고 할 수 있는데 영어 성경에서는 "suffering(고통)"이라는 단어로 쓰였습니다. 히브리어 성경에 의거하여 3절을 다시 직역하면 "그는 사람들로 말미암아 멸시를 당하였고 배척 당하셨으며 아픔들의 사람이었고, (사람의) 질병(약함)을 알았으며 사람들이 얼굴을 가리는 자 같이 멸시를 받았으며 우리도 그를 생각하지 않았다."라고 번역할 수 있습니다. 메시아는 사람들에게 멸시와 배척을 당하였고, '아픔들의 사람'이었고, 사람들의 연약함과 질병을 아는 사람이라는 것입니다. 언뜻 이 말을 들으면 "예수께서 멸시를 받으셨구나! 예수께서 간고를 겪으셨구나! 예수께서 질고를 당하셨구나!"라고 생각할 수 있습니다. 그런데 중요한 것은 메시아 예수께서는 이러한 방법으로 사람과 하나가 되셨다는 것이지요.

그런데 3절에 나타난 '멸시'와 '간고'와 '질고'라는 이 세 단어는 동떨어져 있는 단어가 아니라 서로 연결되어 점진적으로 발전되어 있습니다. 즉, 메시아는 사람들에게 멸시를 당하여 슬픔을 겪으면서도, 자신을 멸시하는 사람들을 품는 아픔의 사람으로 간고를 겪었으며, 그러한 멸시와 아픔과 슬픔을 기반으로 인간의 질고, 즉 인간의 연약함과 질병을 아는 자, 체휼하는 자가 되었다는 것입니다. 이것을 다른 관점에서 말하자면, 메시아이신 예수께서 우리를 구원하시기 위해 이 땅에 오셨지만 이 땅은 그 분에게 멸시와 아픔과 눈물을 돌려 드렸습니다. 그것이 죄 된 세상의 메시아에 대한 반응이었습니다. 죄는 메시아를 배척하게 만들었고, 그분을 멸시하였으며, 마음을 아프게 만들었습니다. 비록 죄에 대한 결과가 어떠한지 알고 세상으로 오셨지만, 그 죄 가운데 사는 세상 사람들의 반응과 세상이 주는 고난으로 철저하게 세상에 있는 사람들의 한계와 아픔과 고난을 직접 체휼하신 분이 메시아 예수이십니다.

왜 메시아가 고난을 당한 것이 사람들과 하나가 되는 방법이 될 수 있습니까? 그것은 멸시 당하고 아픔을 가지고 있고 슬픔 가운데 살아가는 존재가 바로 우리이기 때문입니다. 겉으로는 아무 문제없는 것처럼 보이지만, 조금만 깊은 내면으로 들어가 보면 자신이 알지 못하는 사이에 자신이 마음에 들지 않는 사람들을 무시하며 살아가는 것이 우리입니다. 자신도 알지 못하는 사이에 마음속에 큰 아픔을 가지고 살아가는 것이 우리입니다. 자신도 알지 못하는 사이에 큰 고통을 간직한 채 살아가는 것이 우리입니다. 그렇기에 3절의 내용은 단순히 메시아 예수께서 이 땅에 오셔서 당하신 고난을 이야기 하고 있다기보다는, 바로 그런 고통 가운데 살아가는 존재가 사람이고, 그런 사람들과 메시아 예수께서 '고난'이라는 방법으로 하나가 되셨다는 것을 보여주고 있는 것입니다.[39]

그리스도인들 가운데 가장 은혜로운 사람이 누구인지 아십니까? 자신도 모르게 안고 있던 고통과 아픔과 눈물이 주님을 만나 터져 나오는 사람입니다. 나도 알지 못하는 아픔과, 숨겨져 있던 슬픔이 터져 나온다는 것은 치유되고 있다는 표시입니다. 그렇기에 예수님의 위로를 받을 수 있습니다. 누구나 다 마음속에 나름대로의 아픔과 고난을 품고 살아가지만, 자신만은 아닌 것처럼 숨기며 살아가는 그 자체가 병든 것입니다. 그렇기에 그 고난과 아픔이 드러나는 사람이 은혜 가운데 있는 사람입니다. 그 사람은 하나님의 치유와 회복으로 하나님의 위대한 일들을 감당할 수 있는 사람으로 준비됩니다. 회복되어져야 하나님의 힘으로 하나님의 일을 감당할 수 있기 때문입니다.

   메시아 예수께서는 산상수훈을 가르치시면서 팔복을 외치실 때도 분명히 말씀하셨습니다. "애통하는 자는 복이 있나니 저희가 위로를 받을 것"이라고 말입니다. 도대체 왜 울라고 하시는 것입니까? 우는 것이 왜 중요합니까? 하나님은 알고 계시기 때문입니다. 사람들 안에 얼마나 깊은 아픔이 있는지, 사람들 안에 얼마나 깊은 슬픔이 있는지를 다 알고 계시기 때문입니다. 그 아픔과 슬픔 때문에 자신도 모르는 사이에 서로를 무시하고, 자신의 기준에 맞지 않는다고 따돌리고, 관계가 틀어진 채로 살아가는 것이 바로 '우리'라는 사실을 너무나도 잘 알고 계시는 것입니다. 그렇기에 그러한 고통과 아픔과 눈물이 예수 그리스도와의 만남으로 드러나서 위로받고 치유되는 자가 복이 있다고 말씀하시는 것입니다. 이런 시각으로 3절을 보면, 예수 그리스도께서 멸시 받으시고, 아픔을 겪고, 슬픔 속에 살아가신 것은 사람들의 고통을 동일하게 경험하심으로 바로 그러한 사람들과 하나가 되셨다는 것을 보여주고 있는 것입니다.

세상이 고난 가운데 있는 이유

   사람들 안에 있는 고통과 눈물과 아픔은 도대체 어디서 왔습니까? 창세기 3장을 보면 해답을 찾을 수 있습니다. 즉 인간이 죄로 인하여 타락한 후 인간에게 찾아 온 것 중에 하나가 고난과 아픔이었습니다. 구체적으로 말하자면, 아담과 하와가 타락한 후에 여자는 해산하는 고통을 가지게 되었고 남자는 땀을 흘리며 수고해야 먹고 살아갈 수 있는 존재가 되었습니다. 원래는 그 모든 고통을 당하지 않아도, 눈물을 흘리지 않고 아픔을 갖지 않아도 하나님과 교제하면서 하나님을 예배하면서 살아갈 수 있는 존재가 사람이었습니다. 원래 하나님의 사랑을 받으며 그 사랑 안에서 그 사랑을 풍성히 누리며 살아가도록 창조되었던 존재가 바로 사람입니다.

그런데 죄를 짓고 하나님과의 관계가 틀어지고 하나님과의 관계에서 멀어지면서 고통이 찾아오기 시작했습니다. 눈물이 찾아오기 시작했습니다. 살아가면서 사람을 멸시하기 시작했던 것입니다. 그래서 창세기 4장에서 가장 먼저 나온 사건이 무엇입니까? 살인입니다. 가인이 아벨을 쳐 죽인 사건입니다. 왜 죽였습니까? 자신의 마음에 들지 않는다는 것입니다. 자신의 기준에 맞지 않는다는 것입니다. 따돌림의 극한 결과, 멸시의 극한 결과가 바로 살인이었습니다.

사람이 사람을 죽이는 존재로까지 전락해 버린 것입니다.

하지만 오늘날 많은 사람들은 자신이 경험한 한 순간의 기쁨을 가지고 인생이 마냥 기쁜 것처럼, 한 순간의 평안을 가지고 삶 전체가 평안한 것처럼, 자신을 숨기며 살아가는데 익숙해져 있습니다. 그런데 그런 사람들을 바라보시는 하나님 아버지의 마음이 얼마나 아프시겠습니까? 예를 하나 들어 보겠습니다. 어떤 부모가 자녀의 고통을 알고 있습니다. 그런데 그 자녀는 자기의 아픔을 부모님께 숨기고 있어요. 자신이 힘들고 어렵다는 사실이 드러나면 부모님께서 더 아파하실까봐 부모님을 만나면서도 아닌 척 하는 것입니다. 부모님을 만났을 때는 항상 즐거운 것처럼, 기쁜 것처럼 대합니다. 그러나 엄마는 그렇게 다가오는 딸이 고맙긴 하지만 딸이 품고 있는 아픔과 눈물을 알기에 그런 모습이 더 안타깝고 아픈 거예요. 그냥 엄마 앞에 와서는 "엄마! 나 이렇게 아파요. 엄마! 나 이렇게 힘들어요. 엄마! 나 이렇게 고통스러워요."라고 모든 것을 다 털어 놓기 원하는 것입니다. 그런데 어느 날 엄마가 또 기쁜 척 찾아온 딸을 향해 이야기 합니다. "애야, 나한테는 네 마음을 다 털어 놓을 수 있었으면 좋겠다. 나는 진정으로 너와 함께 하고 싶구나. 너와 함께 한다는 것은 아파도 웃는 것이 아니라 너의 마음 깊은 곳의 모든 아픔과 슬픔을 다 내어놓고 함께 우는 것이 아니겠니?"

마찬가지입니다. 우리의 창조주이신 하나님 아버지는 우리의 진정한 모습을 알고 계십니다. 그 분은 내가 묻어 놓았던 아픔도, 내가 숨겨 놓았던 슬픔도 다 알고 계신 분입니다. 그렇기에 그 분은 어느 누구보다도 더 잘 우리를 위로해 주실 수 있고, 우리를 치료해 주실 수 있으며, 우리를 회복해 주실 수 있는 분이십니다. 왜 메시아 예수를 믿어야 됩니까? 왜 메시아 예수를 믿지 않고는 진정한 행복을 얻을 수 없습니까? 그것은 우리의 아품과 고난을 너무 잘 아시는 하나님 아버지께서 우리를 고치시기 위해 보내 주신 분이 바로 메시아 예수이시기 때문입니다. 그렇기에 예수 앞에 나와 자신이 품고 있는, 자신이 가지고 있는 모든 아픔과 눈물을 내어 놓을 때 그 분의 진정한 위로를 받을 수 있습니다. 진정한 치유와 회복을 경험할 수 있는 것입니다.

저는 가수 조영남 씨의 노래를 좋아합니다. 제 생각에는 언젠가 이 분이 하나님 앞으로 돌아오실 것 같습니다. 왜냐하면 이 분이 부르는 노래나 이 분이 가지고 계신 정서가 하나님을 갈망하고 있다고 느껴지기 때문입니다. 이 분이 콘서트를 하시면 꼭 부르는 노래가 있는데, 이 노래는 미국에서 만든 노래로 창세기부터 계시록까지 성경의 핵심을 뚫고 있는 곡입니다. 제목이 "인생"인데, '인생은 사랑'이라는 의미를 담고 있습니다.

> 태초에 하나님이 세상을 창조하던 그 때에
> 하늘과 땅을 만들고 산과 바다를 만들던 그 때에
> 에덴 동산 저 편에 환상에 인간을 살게 했네
> 아름다운 숨결과 따뜻한 마음만의 인생은 사랑 영원한 사랑
> 조용하던 에덴 동산에 미움의 싹이 움트던 그 때부터
> 조용하던 에덴 동산에 싸움이 시작되던 그 때부터
> 조그마한 거짓으로 인간은 죄악에 빠졌네
> 생명이 사라지고 영혼이 멀어져도 인생은 사랑 영원한 사랑
> 이 천년 전 유대 땅에 한 어린아이 탄생했던 그 때부터

> 세상 죄 짊어지고 남 위해 피 흘렸던 그 때부터
> 사랑이 미움 이기고 평화는 전쟁을 이겼네
> 마지막 숨을 거두며 그가 남긴 한 마디
> 인생은 사랑 영원한 사랑 인생은 사랑 영원한 사랑

저는 이 노래를 들으면서 많이 울었습니다. 너무 종교적인 색채가 강해서 히트 곡이 되지는 못한 것 같지만, 인생의 진리를 너무 잘 담아낸 곡이지 않습니까? 조영남 씨의 노래는 마음(soul)이 담겨져 있기에 가사가 더욱 잘 전달되는 것 같습니다. 노래 말 그대로입니다. 사랑을 받기 위해 태어난 존재가 사랑을 잃어버리고 나니, 찾아온 것이 미움이고 다툼인 것입니다. 전쟁이 인간 사회의 대명사가 되어 버렸다는 것입니다. 그런데 2000년 전에 메시아 예수께서 이 땅에 오심으로 말미암아 사랑이 미움을 이기고, 평화가 전쟁을 이기는 놀라운 일이 벌어졌습니다. 너무나 아름다운 가사가 아닙니까? 그 분이 오심으로 이런 일들이 일어났다는 것이 무슨 뜻입니까? 메시아 예수께서 이 땅에 오시기 전에는 이 땅이 미움으로 가득 차 있었다는 것입니다. 이 땅이 전쟁으로 가득 차 있었다는 것이지요. 전쟁이 나라와 나라 사이에서만 일어나는 일이 아니지 않습니까? 사람의 마음속에도 전쟁이 일어나고, 사람과 사람 사이에도 전쟁이 일어나지 않습니까? 하나님을 잃어버린 사람들, 하나님을 잃어버린 사회는 아무리 눈부신 발전을 거듭한다고 해도 그 사회 안에 깊숙이 자리 잡고 있는 것은 눈물이고 고난이고 그리고 슬픔이라는 것입니다.

4.2 메시아의 고난(2) – 세상을 치유하는 방법

세상을 치유하기 위한 하나님의 선택

이사야 53장 4절은 메시아의 고난에 대해서 이야기하고 있지만 3절과 차이가 있습니다. 3절이 메시아이신 예수 그리스도께서 사람들이 대표적으로 겪고 있는 고난과 슬픔을 겪으며 사람과 온전히 하나가 되셨다는 것을 보여주고 있다면, 4절은 메시아 예수께서 질고를 지고 고난을 당하신 이유가 우리의 질고의 문제를 해결하기 위함이고, 우리의 고난의 문제를 해결하기 위함이라고 기록하고 있기 때문입니다. 즉, 3절에서는 세상과 하나가 되기 위한 방법으로 멸시 당함과 간고와 질고를 겪은 자로 소개하였다면, 4절에서는 그 고난의 경험이 곧 우리의 고난의 문제를 해결하기 위함이라는 것을 강조하고 있는 것입니다.[40]

4절에 보면 "그는 실로 우리의 질고를 지고, 우리의 슬픔을 당하였다"라고 기록하고 있습니다. 예수 그리스도께서 이 땅에 오셔서 우리와 동일하게 모든 고난을 당하셨기에 우리의 모든 아픔을 알게 되셨습니다. 물론 이미 알고 계셨지만, 직접 그 고난을 경험하셨기 때문에 더 실제적으로 아시게 되셨고, 그래서 그 고난의 문제를 해결하기 위하여 직접 짊어지시기로 결단하신 것입니다. 아는 것에서 끝나신 것이 아니라 우리가 짊어져야 할 그 모든 고난을 그 분 몸으로 직접 짊어지셨다는 것입니다. 여기서 이사야 선지자는 중요한 단어를 사용합니다. '실로'라고 하는 말입니다. 저는 성경에서 단어 하나하나가 중요한 의미를 지니고 있다고 생각하는데 '실로'라고 하는 말은 '진실로'라는 의미로, '그러나 틀림없이!'라고 해석할 수 있는 단어입니다.[41] 다시 말하자면 예수 그리스도께서 사람의 고통을 아시기에, 눈물을 아시기에 사람의 모든 고통을 '정말로', '진짜로' 짊어지셨다고 하는 것입니다.

한번 생각해 보십시오. 이 땅에 오신 메시아가 사람들에게 멸시와 천대를 받으시고 간고를 겪고 질고를 알게 되면서 얼마나 많은 아픔과 슬픔이 그 안에 품어졌겠습니까? 그 아픔과 고난이 겪어질 때마다 빨리 그 아픔과 고난을 벗어 버리고 싶었을 것입니다. 그런데 메시아 예수는 간고를 겪고 질고를 아는 것에서 끝난 것이 아니라, 우리를 그 문제에서 해결해 주시고자 당신이 알고 경험했던 그 모든 간고와 질고를 직접 지시고 슬픔을 당하셨다는 것입니다. 우리가 가지고 있는 그 모든 육신의 연약함과 질고를 메시아이신 그 분이 직접 담당하셨다는 것입니다. 우리의 모든 고통을 다 아셨기 때문에, 이제는 직접 담당하시며 그 질고와 슬픔을 다 싸매시고 그 길을 걸어가셨다는 것입니다. 좋아서가 아닙니다! 우리를 위해서 입니다!

그런데 그리스도인들은 예수를 믿는다고 하면서도, 때로는 정말 예수께서 나의 모든 슬픔과 고통을 다 알고 계신지 의구심을 가질 때가 있습니다. 예수께서 나의 죄를 위해서 죽으시고 나의 모든 고통을 담당하셨다는 것을 믿고 따르지만, 때로는 정말 예수께서 내 육신에 모든 연약함과 모든 문제를 감당해 주셨는지 의심할 수 있다는 것입니다. 그렇기에 이사야 선지자는 '실로'라고 단어를 사용하며 메시아 예수께서 정말로 감당하셨다는 것을 강조하고 있는 것입니다. '정말로', '진실로' 메시아 예수는 우리의 모든 슬픔과 아픔과 질병을 다 아시며 감당하셨다는 것이지요. 그러므로 이제는 그 고난의 문제를 내가 감당하지 않아도, 내가 아파하지 않아도 됩니다. '실로' 메시아 예수께서 감당하셨기 때문입니다.

메시아 예수 – 상처 입은 치유자

제가 복음을 전하며 자주 받는 질문이 있습니다. "왜 예수께서는 사람의 몸을 입고 이 땅에 오셔야만 했습니까?" 신학적으로 많은 설명을 할 수 있겠지만, 유대인의 법을 통해 그 이유를 설명할 수 있습니다. 유대인의 법에는 한 가족이 몰락했을 때, 그 가족을 다시 일으켜 세우기 위해서 누군가 그 가족의 빚을 대신 갚아주고 대를 잇도록 해주어야 하는데 그렇게 도와줄 수 있는 사람은 반드시 친족이어야 했습니다. 한 피를 나눈 친족에게만

그 권한을 부여하는 것입니다.[42)]

룻기에 보면 이러한 내용이 아주 잘 나와 있습니다. 율법을 어기고 모압 땅으로 들어가 몰락한 엘리멜렉의 가족을 일으켜 세울 수 있는 사람은 그의 친족만 가능했습니다. 그래서 나오미는 룻을 그의 친족인 보아스에게 보내면서 기업을 무를 권리에 대해 이야기해 줍니다. 그런데 실제로, 보아스보다 기업을 무를 더 큰 책임이 있는 가까운 친족이 있었습니다. 그렇기에 보아스가 엘리멜렉의 기업을 무르고 룻과 결혼하기 위해서는, 자기보다 더 책임의 서열이 높은 친족의 기업 무를 권리를 양도받아야 가능했습니다. 성경을 보면, 보아스보다 더 책임이 있었던 친족은 기업을 무를 권리를 포기했고, 다음으로 친족의 순위가 되는 보아스가 엘리멜렉의 기업을 물려주는 역할을 감당하고 룻과 결혼을 하여 엘리멜렉 가족을 일으켜 세우게 됩니다.[43)]

이것은 단지 엘리멜렉의 가족을 일으켜 세우는 이야기가 아닙니다. 이 이야기는 왜 메시아 예수께서 사람의 몸을 입고 이 땅에 오셔야만 하셨는지에 대한 답을 가르쳐주고 있는 이야기입니다. 예수께서 사람의 몸을 입고 이 땅에 오신 목적은 우리의 친족이 되셔서 멸망한 우리를 회복시켜 주시기 위함이었습니다. 예수님은 율법을 폐하러 오신 분이 아니라 완성하러 오신 분이시기에, 유대인의 율법을 존중하시며 그 율법을 완성하심으로 세상의 구원자가 되신 것입니다. 메시아 예수는 우리의 친족이 되시기 위해 단지 사람의 모습으로만 오신 것이 아니라, 사람이 당하는 모든 고난을 친히 경험하심으로 진정한 우리의 친족이 되셨습니다. 친족이라는 말에는 모든 것이 포함되어 있습니다. 그 가족과 한 피를 나누고, 누구보다 그 가정을 잘 알고 있는, 그래서 누구보다 그 가족과 하나라고 할 수 있는 사람이 친족인 것입니다. 그렇기에 그 가족의 몰락을 무를 수 있는 권리가 생긴 것입니다. 메시아 예수께서는 우리의 온전한 친족이 되시기 위해 우리와 하나가 되셨습니다. 그래서 그 분은 우리의 슬픔 안으로 들어오셨습니다. 우리의 고통 안으로 들어오셨습니다. 우리의 아픔 안으로 들어오셨습니다. 마음 깊이 숨겨 놓은 그 아픔 안으로 그 분이 직접 뚫고 들어오신 것입니다.

"상처 입은 치유자"라는 말을 알고 계십니까? 헨리 나우엔이 처음 쓴 말입니다.[44] 저는 "상처 입은 치유자"라는 말이 저의 어머니가 돌아가신 이후에 더 깊게 와 닿았습니다. 저의 제자 중에 한 사람의 어머니가 갑자기 암에 걸리신 것을 알게 되었습니다. 그 때부터 그 제자는 형식적으로 기도를 부탁하지 않고 구체적이고 지속적으로 기도 제목을 저에게 보내주었습니다. "교수님, 우리 어머니가 위암이신데 지금 수술에 들어가십니다… 회복실로 들어가셨습니다… 아파하십니다." 그래서 저는 기도 제목을 받을 때마다 기도하면서 힘내라고 위로하였습니다. 그런데 결국 한달 만에 그 제자의 어머니께서 하늘나라로 가셨습니다. 저는 장례식장에 찾아 가서 그 제자를 위로했는데, 그 제자는 제가 찾아와 준 것만으로도 큰 위로가 된다며 고맙다고 이야기를 하더군요. 저도 지속적으로 기도하고 바쁜 시간을 쪼개서 장례식장까지 찾아갔기 때문에 제가 해야 할 도리를 기본적으로는 다 했다고 생각했습니다. 그런데 얼마 전 저희 어머니께서 돌아가셨을 때 제일 먼저 그 제자가 떠올랐습니다. 그 때 그 제자의 마음이 얼마나 아팠을까? 그 때 그 제자가 얼마나 울었을까? 물론 천국의 소망을 이야기 하며 웃었지만, 그 마음의 허전함은 어떻게 달랬을까? 저는 선생으로서 할 수 있는 의무는 다했다고 생각했지만, 진정으로 그 제자와 마음을 함께 하지 못했다는 마음이 들어 깊이 회개한 경험이 있습니다.

그렇습니다! 상처 입은 치유자만이 진정한 치유자입니다. 내가 직접 상처를 받아보고, 내가 직접 그 아픔을 당해봐야, 그 마음을 알 수 있는 것입니다. 내가 직접 아픔을 겪어 봐야 아파하는 사람의 마음을 위로할 수 있고, 내가 직접 눈물을 흘려봐야 울고 있는 사람의 눈물을 진정으로 닦아줄 수 있고, 내가 직접 슬픔을 당해야 슬픔에 빠져 있는 사람들을 다시 세울 수 있는 것 아니겠습니까? 동일한 아픔을 겪었다는 것만으로도 서로에게 위로가 되고 힘이 되는 것 아니겠습니까?

우리의 구원자 예수는 바로 그런 분이십니다. 그래서 그 분이 이 땅에 오셔서 제일 먼저 하신 일이 우리들과 하나가 되기 위해 기꺼이 당신을 내어 놓으신 일입니다. 죄 없는 고귀한 하나님의 아들이셨지만, 자신의 신분을 나타내지 않으시고, 여느 사람과 마찬가지로 동일하게 멸시를 받으셨고, 동일하게 아픔을 당하셨으며, 동일하게 우셨던 것입니다. 이것을 이사야 선지자가 말하고 있는 것입니다.

　제가 호주에서 안식년을 보내고 있을 때 저의 어머니께서 돌아가셨습니다. 제가 장남이고 장손이기 때문에 많은 사람들이 장례식장에서 저를 기다리고 있었습니다. 서둘러 귀국하여 장례식장에 도착했는데 많이 울지 못했습니다. 눈물이 나지 않았습니다. 그리고 한편으로는 천국의 소망이 있기에 많이 울지 않아도 괜찮다고 생각했습니다. 그런데 사실은 장남이고 목사라는 책임감 때문에 눈물을 흘리지 못하고 가슴 속으로 깊게 삼켜지고 있었다는 사실을 알지 못했습니다. 그렇게 장례를 마치고 호주로 돌아왔는데, 제 마음 속에 굉장한 외로움이 자리 잡고 있었다는 사실이 뒤늦게 깨달아지며 육체적으로 아파오기 시작하였습니다. 너무 외로웠습니다. 어머니를 잃었다는 사실이 세상을 다 잃은 것과 같았습니다. 너무 외롭다보니, 육체적으로도 너무 아팠습니다. 그 외로움과 육체의 고통 속에서 힘들어 하고 있을 때, 유튜브를 통하여 윤복희 권사의 간증을 듣게 되었습니다. 윤복희 권사가 '여러분'이라는 노래를 만들게 된 배경을 나누는 영상이었습니다. 윤복희 권사는 '여러분'이라는 노래를 처음 만들 때는 영어로 만들었다고 하였습니다. 그 가사는 다음과 같습니다.

　When you walk through the cloudy days
　　앞이 안 보이고 캄캄하니?

He said, I'll be the one to be your cane

내가 너의 지팡이니깐 나만 잡고 따라와.

When you need some one to share your love

네가 사랑이 필요하니?

He said, I'll be the one to be your love

내가 너의 사랑이야.

So smile and look at…

그러니까 웃고 나를 봐라.

Every Every Everybody's passing through this way

누구나 누구나 다 이 길을 걸어가…

So have faith and be tall

그러니깐 나를 믿고 어깨를 펴.

You can't stop now

여기서 너는 멈출 수 없어.

Now is start This is way An only way

지금이 시작이고, 이 길이고, 이 길 하나뿐이야.

You've got to march and go to a high up there

주님께서 말씀하세요. 내 손을 잡아라!

He is the start and He is the way and only way.

왜냐하면 나의 아버지는 시작이고 길이고 진리이기 때문이다.

간증을 듣고 노래를 듣는데 영어 가사가 저에게 깊게 와 닿기 시작했습니다. 그 가사가 마치 하나님의 음성처럼 저에게 들리기 시작했던 것입니다. "누구든지 다 사망의 음침한 골짜기를 지나가고 혼자 남겨졌다고 생각할 때가 있어. 그러나 그 때에도 나는 너를 버리지 않아. 그 때에도 나는 너를 일으켜 세우길 원해. 같이 가자!" 윤복희 권사의 간증을 듣기 전에는 육체적인 아픔과 외로움 때문에 힘들어 하면서도 그저 빨리 낫기만을 원하고 있었는데, 그 밤에 노래를 들으면서 어머니가 돌아가시고 난 후, 내면에 감추어져 있던 눈물이 터져 나오기 시작했습니다. 그 때 집에 가족들이 없었기 때문에 아무도 제가 울었는지 모릅니다. 그런데 그렇게 혼자 울고 있는 나를 주님께서 찾아오셔서 만지시기 시작하셨습니다.

이 노래 가사 중에 저에게 가장 깊게 와 닿은 부분이 "여기서 너는 멈출 수 없어!"라는 부분이었습니다. 그 가사를 듣는데, 마치 주님이 저에게 말씀하시는 것 같았습니다. 저는 그때 외로움과 육체적인 아픔으로 앞으로 나가지 못하고 힘들어만 하고 있었기 때문입니다. 육체적으로 병이 들었다고, 정서적으로 외롭다고, 나에게 주어진 일도, 그리고 하나님을 향해서도 전진해 나가지 못하고 멈추어 서 있는 저를 볼 수 있었습니다. 그런데 주님이 제게 그 노래를 통하여 말씀하시는 것이었습니다. "너 거기서 멈추면 안 돼!" 그런 말은 부모님께서 해 주실 수 있는 말 아닙니까? 나를 누구보다도 잘 아는 어머니께서 저에게 해 줄 수 있는 말이지 않습니까? 그런데 어머니는 더 이상 세상에 계시지 않지만, 돌아가신 어머니를 대신해서 주님께서는 말씀하시는 것이었습니다. "도균아, 내가 너를 잘 아는데 너 거기서 멈추면 안 돼! 다시 일어나야지. 내가 너의 지팡이가 되어 주고, 내가 너의 길이 되어 주고, 내가 너의 빛이 되어줄게. 일어나! 내가 너의 마음을 알아!"

이러한 경험을 한 이후, 4절의 말씀이 더 깊게 와 닿았습니다. 주님께서는 외로워하고 있는 저를 찾아오셔서, 스스로도 인식하고 있지 못하는 저의 아픔과 눈물을 바라보시며 말씀해 주셨습니다. "너 지금 아픈 거야! 괜찮은 척 하지 마! 너 지금 울어야 돼! 지금 그 눈물이 터질 수 있다면 회복될 수 있어"라고 가르쳐 주셨던 것입니다. 그 분이 먼저 아픔을 당하셨기 때문에, 그 분이 먼저 고통을 당하셨고, 먼저 울어보셨기 때문에 저의 아픔과 눈물을 아셨던 것입니다. 그리고 저와 함께 우시며 제 마음을 달래 주셨습니다. 빨리 회복되기를 간절히 원하셨습니다. 그분이 상처 입은 치유자! 메시아 예수이십니다.

치유 받을 수 있는 방법

메시아 예수는 우리를 위하여 모든 고난을 직접 당하시고 우리의 고난과 아픔의 문제를 해결해 주셨지만, 왜 우리는 아직도 힘들어하고, 육신의 질병에서 헤어 나오지 못하며, 마음의 고통을 가지고 살아가는 것일까요? 그것은 메시아 예수께서 이미 담당해 주신 사실을 믿음으로 온전히 받아들이지 못했기 때문입니다. 또한 내 안에 내주하시는 성령께서 온전히 나를 통치해 가시도록 그 분에게 모든 것을 맡겨드리지 못했기 때문입니다.[45]

메시아 예수께서 무리의 모든 고난과 아픔을 다 짊어지셨기 때문에, 이제는 누구든지 예수 앞으로 나아가 그분만 붙잡고 신뢰한다면 더 이상 아파하지 않아도 됩니다. 더 이상 슬퍼하지 않아도 됩니다. 우리가 해결할 수 없는 가장 중요한 문제를 해결하셨기에 우리의 메시아가 되십니다. 그러므로 메시아 되신 예수께 나의 모든 아픔과 슬픔을 내어 맡기십시오! 나의 고난을 바라보시며 아파하고 계시는 예수께 그 고난을 내 맡기십시오! 그 때 해결이 있습니다. 나의 고난의 문제를 직접 짊어지신 예수께만 해결이 있습니다. 지금 이 시간에도 이사야 선지자는 외치고 있습니다. "그는 실로 우리의 질고를 지고 우리의 슬픔을 당하였거늘…"

4.3 메시아의 진정한 아픔의 이유

세상의 무지와 태도 때문

성경은 메시아 예수께서 그냥 멸시를 당했다고 표현하지 않고, "멸시를 받고 사람들에게 버림을 받았다"라고 표현하였습니다. 개역한글 성경에서는 이 부분을 "사람들에게 싫어 버린바 되었다"라고 번역하였습니다.[46] 예수께서는 멸시만 받으신 것이 아니라, 오늘날의 표현을 빌리자면, 사람들에게 왕따, 따돌림을 당했다는 것입니다. 후반부에는 "마치 사람들이 그에게서 얼굴을 가리는 것 같이 멸시를 당하였다"라고 기록하고 있습니다.

이것은 레위기 13장에 나오는 나병 환자에 관한 내용과 연결해서 이해할 수 있습니다. 레위기 13장은 나병 환자에 대한 규례를 기록하고 있는데, 45-46절에 "나병 환자는 옷을 찢고 머리를 풀며 윗입술을 가리고 외치기를 부정하다 부정하다 할 것이요 병 있는 날 동안은 늘 부정할 것이라 그가 부정한즉 혼자 살되 진영 밖에서 살지니라"라고 기록하고 있습니다. 나병 환자는 부정하기 때문에 진 밖에서 따로 살아야만 했습니다. 그런데 만약 나병 환자가 사람들을 만나게 되면 손으로 얼굴 아래쪽을 가리고 "부정하다 부정하다"라고 외쳐서 다른 건강한 사람이 부정하게 되는 것을 막아야만 했습니다.

나병 환자는 부정한 자로 낙인 찍혔기에 진 밖에서 살아가야 하는 것도 힘들었을 텐데, 사람들을 만날 때마다 얼굴을 가리며 '부정하다'고 소리를 지를 때 얼마나 모멸감을 느껴야만 했을까요? 부정한 자로 배척당하면서 사람 취급을 받지 못하는 나병 환자들의 마음은 얼마나 외롭고 힘들었을까요? 메시아 예수께서도 마치 이러한 나병 환자처럼 사람들이 얼굴을 가리며 멸시를 했다는 것입니다. 저는 이 구절을 묵상하다가 많이 울었던 적이 있습니다. 예수께서 당하신 따돌림과 외로움이 느껴지면서 얼마나 힘드셨을까 하는 생각에 눈물을 흘릴 수밖에 없었습니다.

  그렇다면 메시아이신 예수 그리스도께서 이 땅에 오셔서 이러한 멸시와 배척을 당하신 구체적인 이유는 무엇이었습니까? 두 가지로 생각해 보았습니다. 첫째는 그 분이 메시아라는 사실을 세상 사람들이 알지 못했기 때문이고, 두 번째는 그 분의 빛 된 가르침이 싫었기 때문입니다. 요한복음 1장 9절-11절을 보면 "참 빛 곧 세상에 와서 각 사람에게 비추는 빛이 있었나니 그가 세상에 계셨으며 세상은 그로 말미암아 지은 바 되었으되 세상이 그를 알지 못하였고 자기 땅에 오매 자기 백성이 영접하지 아니하였으나"라고 기록하고 있습니다. 참 빛 되신 예수 그리스도께서 이 땅을 구원하시기 위해 오셨지만 사람들은 그를 알아보지 못하였고 받아들이지도 않았습니다. 이렇게 메시아를 알아보지 못하고 배척한 것은 빛이 아닌 어두움에서 살고 싶다는 그들의 고집을 반영하는 것이라고 할 수 있습니다.[47] 선지자들의 메시아에 대한 예언을 자신들의 입장에서 재해석하여 예수를 메시아로 받아들이지 않았던 것입니다. 자신들이 기대하는 메시아는 정치적이고 경제적인 능력 있는 메시아인데 하나님께서는 메시아가 고난 받는 종으로 올 것이라고 말씀하셨기 때문입니다. 자신들이 처한 상황과 환경에서 자신들의 필요에 따라 메시아를 구하였기 때문에 메시아 예수는 언제나 그들에게 걸림돌이 되었던 것입니다.

  또한 메시아가 외친 빛 된 가르침이 그들의 양심을 찌르고 도

전하는 것이었기에 거부하고 배척하였던 것입니다. 빛이 비친다고 모든 사람들이 기뻐하는 것만은 아닙니다. 항상 빛이 비춰지는 곳에는 반드시 나뉘는 역사가 일어납니다.[48] 빛이 비추기 전에는 모두 어두움이었지만 빛이 비추인 후에는 그 빛을 바라보며 빛으로 나아오는 사람들이 있는가 하면 여전히 어두움에 남아 더욱 어두움 속으로 들어가는 사람들도 있기 때문입니다. 그래서 복음의 사역은 나누는 사역이라고도 이야기 합니다. 그 분이 메시아라는 것을 알지만, 그 분이 하시는 모든 말씀들이 자신들이 익숙해져 있는 삶을 포기하거나 희생하라는 가르침이셨기 때문에 받아들일 수 없었던 것입니다. 자신을 포기하지 못하고 희생하지 못하기에 메시아 예수를 멸시하고 천대할 수밖에 없었다는 것입니다.

메시아 예수께서는 이렇게 멸시와 배척을 받으셨습니다. 이런 멸시와 배척으로 간고를 많이 겪고 질고를 아는 자가 되셨습니다. 이미 말씀드린 대로, '간고를 많이 겪었다'는 부분이 히브리어 원문에서는 '아픔의 사람'으로, 영어 성경에서는 'a man of sorrow'라고 되어 있습니다. 그는 아픔으로 이루어진 사람이며, 슬픔이 그의 삶을 구성하는 요소와 같았다는 의미입니다. 그 분은 아픔과 서로 이름을 바꾸어 불러도 좋을 것 같은 분이었습니다. 그 분의 삶 자체가 아픔과 고통의 삶이었음을 가르쳐 주고 있는 것입니다. 그렇기에 그를 본 사람은 아픔을 본 사람이고, 아픔을 보고자 하는 사람은 반드시 그를 보아야만 하는 것입니다. 메시아의 아픔의 이유가 여기에 있는 것입니다.

하나님의 백성의 무지와 태도 때문

4절 후반부에 보니, "우리는 생각하기를 그는 징벌을 받아 하나님께 맞으며 고난을 당한다 하였노라"라고 이야기하고 있습니다. 세상 사람들이 아닙니다. '우리'라고 표현하고 있습니다. '우리'라는 단어 안에 누가 들어갑니까? 이사야 선지자도 들어갑니다. 예언하고 있는 자신도 메시아를 존귀하게 여기지 못하고, 메시아 예수와는 전혀 상관없이 살아간 적이 있다고 하는 것입니다. 3절에도 이사야 선지자는 '우리'라는 단어를 썼습니다. "우리도 그를 귀하게 여기지 않았다"는 것입니다. 세상 사람들이 메시아를 귀히 여기지 않고, 멸시한 것은 이해할 수 있다고 할지라도, 세상 사람들이 메시아가 징벌을 받았다고 생각할 수 있다고 하더라도, '우리'조차도 그 분을 귀하게 여기지 않았고, 그 분이 징벌을 받아서 고난을 당한다고 생각했다는 것입니다.

이사야 53장을 자세히 살펴보면 '우리'라는 단어와 '그'라는 단어가 평행선을 긋고 있는 것을 볼 수 있습니다. '우리'는 하나님을 알고 있는 하나님의 백성들을 가리키는 말이고, '그'는 하나님이 보내신 메시아를 말하는 것입니다. 그런데 하나님이 보내신 메시아를 하나님의 백성인 우리가 더 존귀하게 여기고 그의 고난이 우리를 위한 것임을 우리가 더 잘 알아야 되는데 우리 역시 세상 사람들과 똑같이 그를 알아보지 못하고 그를 멸시했다는 것입니다.

　이것이 바로 메시아의 아픔입니다. 이것이 바로 하나님의 아픔입니다. 세상 사람들은 모른다 하여도, 세상 사람들은 이해하지 못할 수 있어도, 하나님의 백성들마저도 모른다는 것입니다. 메시아를 존귀하게 여기지도 않았고, 메시아의 고난이 자신들을 위한 것이라는 사실을 하나님의 백성들조차도 알지 못한다는 것입니다. 이것이 메시아이신 예수의 가장 큰 아픔이자 고난이라고 할 수 있습니다. 메시아 예수의 십자가의 죽음이 우리와 상관없다고 느껴진다면, 그것이 바로 메시아 예수를 가장 아프게 하는 것이 될 수 있습니다. 이 땅의 수많은 그리스도인들은 사순절이 되고 고난 주간이 되어도, 예수 그리스도의 고난을 자신의 고난과 연결시켜서 생각하지 못할 수 있습니다. 그러나 메시아의 아픔은 누구를 위한 아픔입니까? 그 죽음은 누구를 위한 죽음입니까? 그 대속은 누구를 위한 대속입니까? 나를 위한 아픔입니다. 나를 위한 죽음입니다. 나를 위한 대속입니다. 그런데 어느 누구도, 하나님의 백성조차도 메시아의 고통을 자신의 고통 때문으로 받아들이는 사람이 많지 않다는 것입니다.[49]

　제가 가끔 학생들에게 물어보는 질문이 있습니다. 그것은 '예수께서 누구를 위해 죽으셨는가?'라는 질문입니다. 너무 쉬운 질문이기에, 다들 예수께서 자신을 위해 죽으셨다고 대답합니다. '그렇다면 나 자신을 위해 죽어주신 예수님을 위해 얼마나 울어

보셨습니까?'라고 물어보면, 대답하는 분들이 적습니다. 나를 위해 죽어주신 그 분을 위해 마음 놓고 울어보지도 못했고, 마음 놓고 아파하지도 못했는데, 어떻게 나를 위해 죽어 주셨다고 쉽게 이야기할 수 있겠습니까? 이것이 지식적인 신앙입니다. 가슴으로 내려오지 않는 신앙입니다. 세뇌 당한 신앙일 수 있습니다. 정말로 예수 그리스도께서 나를 위해 죽어주셨다면, 나를 위해서 고난 받으셨고 한다면, 나를 위해 죽어주신 예수님을 위해 울어보고 슬퍼해봤어야 합니다.

저는 딸만 셋입니다. 저는 복음을 전하는 전도자로서 제 딸들에게 가장 먼저 복음을 전하여 영생의 선물을 주고 싶었습니다. 목사의 딸이라고 그냥 천국 가는 것이 아니지 않습니까? 그래서 큰 딸과 대화가 되기를 기다렸다가, 5살이 되자 어느 정도 말이 통하는 것 같아 큰 딸을 불러 놓고 복음을 전하기 시작했습니다. "효진아, 효진이는 죽으면 천국갈 수 있니?" 단도직입적으로 물어보았습니다. 그랬더니 큰 딸은 죽는다는 것이 무엇인지 몰라서, "죽는 게 뭐예요?"라고 물어보았습니다. 그래서 저는 죽음에 대해 설명했습니다. 그리고 천국에 갈 수 있느냐고 다시 물어봤더니, "네!"라고 대답하는 것이었습니다. 저는 너무 기뻤습니다. 그래서, "어떻게 천국갈 수 있다고 생각하니?"라고 물어보았습니다. 그랬더니, "아빠가 목사님이잖아요."라고 대답했습니다. 그래서 제가, "그런데 효진아, 아빠가 목사님이라고 다 천국갈 수 있는 것이 아니야. 아빠가 하나 물어보고 싶은 것이 있는데 효진이는 죄가 있니 없니?" 그랬더니 제 딸이 하는 말이, "죄가 뭐에요?"라고 다시 물어보았습니다. 5살 어린이에게 죄라는 말이 어렵기 때문입니다. 그래서 제가 죄라고 생각할 수 있는 구체적인 행동들을 쭉 열거하기 시작했습니다. "너 엄마 말 안들은 적 있지? 아빠 말 안 들은 적 있지? 그리고 동생 때린 적 있지?" 이렇게 이야기를 하니 제 딸이 울먹거리기 시작했습니다. 저는 계속해서, "그거 다 죄야. 너의 마음속에 죄가 많지?" 그랬더니 고개를 끄떡거렸습니다. "그런데 그 죄를 가지고 있으면 절대로 천국에 들어갈 수 없어. 효진아! 그런데 효진이의 죄를 용서하시기 위해 예수님이 이 땅에 오셔서 십자가에서 못 박혀 죽어주셨어. 많은 고통을 당하시고 죽어주셨어. 효진이를 천국에 데려가시기 위해서! 효진아, 이 시간 그 예수님을 마음에 초청하고 '예수님, 이 시간 내 마음속에 들어와 주세요. 나의 모든 죄를 용서해 주세요.'라고 기도하면 예수님이 천국의 선물을 주실 거야. 아빠랑 같이 기도할래?" 그랬더니 기도를 하겠다고 대답했습니다. 그래서 5살 때 처음으로 제가 큰 딸에게 복음을 전하고 예수님을 영접하게 했습니다.

   그리고 한 달 정도 지난 것 같습니다. 제가 저녁에 학교에서 강의를 마치고 집에 들어왔는데 그때서야 저희 가족들이 저녁 식사를 하고 있었습니다. 저녁을 먹기 위해 저희 아내가 아이들을 모아놓고 "자, 오늘은 효진이가 식사 기도를 하자"라고 했습니다. 물론 제 아내와 큰 딸밖에 기도할 사람이 없습니다. 그때

둘째 딸은 3살이고 막내는 1살이었기 때문입니다. 그랬더니 큰 딸이 기도를 하는데, "예수님, 고맙습니다."라는 말을 한 후, 엉엉 우는 것이었습니다. 저는 제가 사랑하는 딸이 기도하며 끝을 맺지 못하고 울기에 정신이 번쩍 들었습니다. 도대체 왜 우는지 궁금해 하면서 귀를 기울이고 있었는데 한참을 울더니, "예수님, 나를 위해서 십자가에서 죽어 주셔서 감사해요."하고 또 우는 것입니다. 이것이 식사기도였습니다. 5살짜리 제 딸이 자기를 위해서 죽어주신 예수님 때문에 눈물을 흘리며 감사하다고 기도하는 것이었습니다. 저는 이 세상에서 제일 위대한 식사기도를 듣고 있다는 생각이 들었습니다. 그렇게 한참을 울더니, "내 동생 효경이와 효준이는 아직 이런 기도를 못 하니까, 우리 효경이, 효준이의 죄도 용서해주세요."하면서 기도를 마치는 것입니다. 저는 너무나 깜짝 놀라 저의 아내를 불러 자초지종을 물었습니다. 5살짜리 아이가 교육을 받지 않았다면 이렇게 기도할 수 없다고 생각했기 때문입니다. 그런데 저의 아내는 일부러 이러한 기도를 하도록 교육을 시킨 적이 없다고 말해주었습니다. 그리고 그런 이야기를 해 준 적도 없는데, 그 전날 오후부터 큰 딸에게 식사기도를 시키던지, 아니면 간식기도를 시키던지, 이러한 내용의 기도만 하면서 운다는 것이었지요.

성령의 역사였습니다. 그리고 그때 깊게 깨달은 것이 있습니다. 5살짜리 아이도 복음을 듣고 반응할 수 있다는 것이었습니다. 복음의 말씀이 전해지면, 하나님의 시간이 되었을 때 십자가의 사건이 깊게 경험되면서 눈물을 흘릴 수 있다는 것을 말입니다. 이 사건이 저에게는 또 하나의 굉장한 도전을 주었습니다. 저는 복음을 전하는 전도자인데, 제 자신이 저를 위해 죽어주신 예수님을 위해 얼마나 울어보았는지, 직접적으로 얼마나 고맙다고 표현해 보았는지 회개하게 된 것입니다. 예수 그리스도께서 나를 위해 십자가에서 죽어 주신 것이라고 외치고는 다녔지만, 그 십자가를 묵상하면서 나를 위해서 죽어주신 예수님 때문에 깊이 울어 본 적이 별로 없었다는 것을 깨닫고 울면서 회개했던 적이 있었습니다.

이사야 선지자는 바로 이러한 사실을 4절을 통해 이야기하고 있는 것입니다. 하나님의 백성들조차도, 메시아 스스로가 하나님께 잘못한 것이 있기 때문에 하나님께 징벌을 받아 고난을 당한다고 생각했다는 것입니다. 자신의 삶과 연관시키지 못하고, 자신의 죄와 연관시키지 못하고, 대신 짊어지셨다는 것을 알지 못하고 말입니다. 메시아 예수의 고난은 나와 무관한 것이 아닙니다. 그렇기에 메시아 예수의 고난이 나 때문이라는 사실을 받아들여야 합니다. 나 때문에 멸시와 간고를 겪으셨다는 사실이 더 깊이 깨달아져야 합니다. 나 때문에 질고와 슬픔을 당하셨다는 것도 더 깊이 깨달아져야 합니다. 나 때문에 징계를 받아 예수 그리스도께서 대신 죽어 주셨다는 것이 깊이 깨달아져야 하는 것입니다. 이것이 더 깊이 깨달아질 때 우리의 신앙은 진정으로 올바로 세워질 수 있습니다.

4장 "고난의 메시아 예수"를 마치며…

메시아 예수를 깊이 알기 위한 질문들

1. 메시아 예수께서 세상에서 고난을 받으신 이유를 '세상과 하나가 되기 위한 방법'의 차원에서 설명해 보세요.

2. 메시아 예수는 왜 세상과 하나가 되시려 하셨나요?

3. 세상은 왜 고난가운데 있습니까?

4. 예수께서 당하신 '멸시'와 '간고'와 '질고'를 설명해 보세요. 어떻게 그러한 고난을 당하셨나요?

5. 메시아 예수께서 고난을 받으신 이유가 세상을 치유한 방법이 될 수 있었던 이유를 설명해 보세요.

6. 메시아 예수를 '상처 입은 치유자'라고 말할 수 있는 이유를 말해 보세요.

7. 메시아 예수께서 이 땅을 바라보시며 진정으로 아파하시는 이유를 4절에서 설명해 보세요.

  1)

  2)

5장

십자가에서 죽으신 메시아 예수(53:5)

"그가 찔림은 우리의 허물 때문이요 그가 상함은
우리의 죄악 때문이라 그가 징계를 받으므로 우리는 평화를
누리고 그가 채찍에 맞으므로 우리는 나음을 받았도다"

(사 53:5)

5장

십자가에서 죽으신 메시아 예수(53:5)

   메시아 예수는 세상을 구원하시기 위하여 이 땅에 오셔서 고난을 당하시고 십자가에서 죽으셨습니다. 고난을 당하는 것도 만만찮은데, 죽음으로써 세상을 구원하시기 위한 하나님의 계획을 완성하셨습니다. 그분이 십자가에서 죽으신 이유는 세상의 모든 죄를 짊어지심으로 죄의 근원이 되셔서 하나님의 심판을 받아 죽으신 것입니다. 그러므로 십자가의 죽음은 죄에 대한 하나님의 징계입니다. 메시아 예수께서 어떠한 죄가 있으시거나 하나님께 잘못한 부분이 있어서 십자가의 형을 받으신 것이 아니라, 우리의 죄를 짊어지셨으므로 우리의 죄 값을 치루기 위하여 하나님의 징계를 받으신 것입니다.

그런데 이사야 53장 5절을 보면, 메시아 예수께서 십자가의 죽으심을 좀 더 구체적으로 표현하여 그 죽음과 우리의 구원과 어떠한 관련이 되는지를 서술하고 있습니다. 우리는 세상을 구원하시기 위해 메시아가 십자가에서 죽으셨다는 사실을 알고는 있지만, 이사야는 메시아가 십자가에서 어떻게 죽으셨는지, 그것이 우리의 구원과 어떻게 면밀히 관련이 있는지를 분석적으로 서술하고 있는 것입니다. 그 분은 그냥 십자가에서 단번에 죽으신 것이 아닙니다. 5절 말씀을 보니, 찔리셨고, 상함을 받으셨고, 징계를 받으셨고, 그리고 채찍에 맞으셨습니다. 예수께서 십자가에서 죽으신 사건은 한 순간에 끝난 사건이 아니라, 찔리시고 상하시고 징계를 받으시고 채찍에 맞으시는 사건이었습니다.

왜 그렇습니까? 이사야 선지자는 메시아 예수께서 이렇게 십자가에서 받으신 고통이 바로 우리의 죄와 연약함과 관계가 있음을 선포합니다. 다시 말하자면, 그 분이 찔리심으로 우리의 허물이 용서받았고, 그 분이 상하심으로 우리의 죄악이 용서받았으며, 그 분이 징계를 받으심으로 우리가 평화를 누리고, 그리고 그 분이 채찍에 맞음으로 우리가 나음을 입었다는 것입니다. 메시아 예수께서는 찔리시고, 상하시고, 징계를 받으시고, 채찍에 맞으시는 4가지 방법을 통해서 구체적으로 우리를 구원해 주셨고, 그 결과 우리는 죄와 허물을 용서받고, 평화를 누리고, 육체적인 질병에서 놓이게 되었습니다.

이러한 구원의 결과는 3절에서 메시아 예수께서 받으신 고난과 다시 연결됩니다. 사람들이 가지고 있는 대표적인 세 가지 문제인, '멸시'와 '간고'와 '질고'를 직접 경험하신 메시아 예수께서 그 문제를 다 짊어지시고 십자가에서 죽어주심으로 해결하셨기 때문입니다. 멸시받고, 멸시당하는 문제는 예수 그리스도께서 십자가에서 찔리시고 상하심으로 해결해 주셨고, 간고 가운데 살아가는 인생의 문제는 예수 그리스도께서 십자가에서 징계를 받으심으로 해결해 주셨으며, 질고로 고통당하는 사람들을 위해 예수 그리스도께서 십자가에서 채찍에 맞으심으로 해결해 주신 것입니다. 이렇게 3-4절의 메시아의 고난은 5-6절의 메시아의 구속과 밀접하게 연결되어 있습니다. 예수 그리스도께서 사람들의 고난을 직접 경험해 보셨기 때문에 구속하실 것을 결단하는 동력이 되었을 뿐만 아니라, 직접 구속해 주심으로 말미암아 고난의 문제가 해결된 것입니다.

5.1 십자가의 죽으심으로 영(靈)적인 문제 해결

찔리시고 상하심 – 허물과 죄악의 문제 해결

메시아 예수의 십자가를 통한 구속의 내용을 구체적으로 살펴보자면 첫 번째, 메시아 예수께서 십자가에서 찔리시고 상하심으로 우리의 죄와 허물을 사해주시고, '멸시'의 문제를 해결해 주셨습니다. '찔렸다'라고 하는 히브리 원어에는 '고통으로 몸부림

치고 괴로웠다'라는 의미가 담겨져 있습니다.[50] 이 단어는 폭력에 의해서 죽임 당하는 사람들에게 적용된 단어였고, 특별히 전투에서 창에 몸이 관통 당해서 죽은 사람에게 사용하는 단어였다고 합니다. 또한 '상하셨다'는 단어의 히브리 원어는 '산산이 부수다, 혹은 짓밟다'라는 의미를 가지고 있습니다.[51] 이것은 큰 쇳덩이 사이에 무엇인가 깨어지는 물체를 넣고 압력을 가할 때 으스러지는 것을 의미하는데 메시아께서 그렇게 고통 받으셨다는 것을 가리키는 것입니다. 즉, 메시아 예수는 십자가에서 몸이 관통 당하고 산산이 부수어지고 짓밟히는 죽음을 당하셨다는 것입니다. 왜 이러한 죽음을 당하셔야만 하셨습니까? 우리의 허물과 죄악 때문이라고 성경은 기록하고 있습니다.

히브리어로 '허물'이란 단어는 '반역'이라고 번역되어야 할 단어입니다.[52] 즉, 즉각적으로 하나님께 불순종하여 대드는 행위가 '허물'이라는 것입니다. 이것은 실제적으로 짓는 죄를 의미합니다. 그렇기에 메시아께서 십자가를 지신 것은 하나님께 대한 반역으로 즉각적으로 짓는 우리의 죄 때문이고, 그렇게 드러난 죄인의 반역을 용서하시기 위하여 십자가에서 찔리셨다는 것입니다. 또한 '죄악'은 내면적으로 잠재해 있는 죄를 말하는 것으로 죄를 짓게 만드는 죄의 뿌리라고 할 수 있습니다.[53] 메시아는 우리로 하여금 계속 죄를 짓도록 만드는 그 원인인 죄악, 죄의 뿌리 때문에 산산이 부수어지고 짓밟히는 고통을 당하셨다는 것입니다. 즉, 예수 그리스도께서는 죄의 뿌리인 죄악과 실제로 짓는 허물 모두를 십자가를 통해 완전히 해결하셨고, 그로 인해 다시는 죄를 짓지 않을 수 있도록 해 주신 것입니다(엡 2:1-3). 실제로 십자가 위에서 예수 그리스도께서는 손과 발을 뚫고 들어간 대못에 의해 관통 당하셨고, 창으로 옆구리를 관통 당하셨습니다. 그리고 사람들의 폭력과 비난에 의해 짓밟히고 상하셨습니다. 하나님의 음성에 귀 기울이지도 않고 다른 능력만 구하는 세상을 위하여 메시아 예수는 십자가에서 찔리시고 상하심으로 우리의 죄와 허물을 용서받을 수 있도록 해 주신 것입니다.

찔리시고 상하심 – 멸시의 문제 해결

이것이 멸시와 연결됩니다. 어떤 아이가 친구들과 잘 어울리지 못하고 성격에 모가 나 있다면, 다 그런 것은 아니지만, 대부분은 부모에게 사랑을 많이 받지 못했기 때문일 가능성이 높습니다. 부모로부터 사랑을 충분히 받아 누리지 못할 때 신경질적이고 폭력적인 성향들이 나타날 수 있는 것입니다. 마찬가지로 사람들이 멸시하고 멸시를 받는 이유는 사랑이 끊어져서 그렇습니다.[54] 원래 사람은 하나님과 사랑을 나누며 살아갈 존재로 만들어졌는데 죄로 인해 하나님과의 관계가 끊어지면서 사랑을 나누지 못하게 되었기 때문입니다. 사랑받고 사랑하면서 하나님을 예배하고 하나님을 섬기고 살아가야 할 존재가 사랑이 끊어져버리니 미움과 불안, 증오와 분노가 생겨나기 시작한 것입니다. 그리고 그것이 표출되어진 하나의 상태가 다른 사람들을 짓밟는 것입니다. 다른 사람들을 따돌리고 다른 사람들을 멸시하는 것입니다.

　은혜 있는 사람의 특징이 무엇인줄 아십니까? 하나님께 은혜 받은 사람의 가장 큰 특징은 사랑할 줄 아는 것입니다. 은혜 받은 사람 옆에 가면 사랑을 느낄 수 있습니다. 하나님께 받은 은혜와 사랑이 흘러가기 때문입니다. 그런데 은혜가 메말라 가는 사람 옆에 가면 분노가 느껴집니다. 조금만 잘못하면 큰 소리가 나고, 화를 내고, 정죄하는 것입니다. 이것은 은혜가 떨어져 간다는 증거입니다. 하지만 은혜를 받았다는 것은 하나님과의 관계가 회복되었다는 것이고, 하나님과 회복되어진 관계 안에서 하나님의 사랑을 받아 누리고 있다는 것입니다. 하나님과 멀어질 때는 까칠해지고 괴팍해지지만, 은혜가 있을 때는 모든 것을 품는 넉넉한 사람이 되는 것입니다.

　세상 사람들이 자기도 온전하지 못하면서 다른 사람을 멸시하고 무시하고 짓밟는 이유는 하나님과의 관계가 끊어졌기 때문이라는 것을 메시아 예수는 아셨습니다. 그래서 그 분은 그 모든 멸시의 문제를 품고 그 문제를 해결하기 위해 십자가 위에서 찔리시고 상하심으로 죄의 문제를 해결하시며 하나님과의 관계를 다시 열어 놓으신 것입니다. 그렇기에 십자가 앞에 나오는 사람들은 누구든지 하나님과의 관계를 단절시켰던 죄의 문제로부터 해방되면서 하나님의 은혜와 사랑을 다시 누리기 시작합니다.

'멸시하지 말라!'는 지침은 율법만으로는 해결할 수 없습니다. 명령만 한다고 해서 지켜지는 것이 아닙니다. 사람이 사람을 무시하고, 사람이 사람을 짓밟고, 사람이 사람을 철저하게 소외시키는 것은 사랑이 끊어졌기 때문입니다. 하나님으로부터 오는 사랑이 끊어졌기 때문에 그 사랑이 회복되어져야만 해결될 수 있는 것입니다. 그렇기에 예수 그리스도께서 십자가 위에서 찔리시고 상하시면서 하나님과의 사랑이 이어질 수 있는 통로를 마련하신 것입니다. 차별 받는다고 하지만, 나 역시 누군가를 차별하고 있는 존재가 아닙니까? 하나님의 사랑이 회복되지 않으면 이 문제는 계속 반복될 수밖에 없습니다. 그렇기에 십자가 앞으로 나가야 합니다. 십자가 앞에 나아가 모든 죄의 문제를 해결하고 하나님과의 관계를 회복하여 사랑을 누려야 합니다.

5.2 십자가의 죽으심으로 혼(魂)적인 문제 해결

징계를 받으심 – 평화를 회복

두 번째, 메시아 예수께서 징계를 받으심으로 우리는 평화를 누리고 '간고'의 문제를 해결 받게 되었습니다. 여기서 '징계'는 포괄적인 단어로, 십자가 사건을 죄에 대한 하나님의 심판의 차원에서 설명한 단어라고 할 수 있습니다.[55] 왜 메시아 예수께서 하나님의 징계를 받아야만 했습니까? 죄에 대한 하나님의 진노 때문입니다.[56] 죄 자체가 하나님과의 관계를 그렇게 만들었던 것입니다. 그러므로 죄 있는 사람은 지금 당장은 행복하다고 느껴도 실상은 하나님의 진노 아래에 놓여 있는 것입니다. 그런데 하나님과의 원수 된 관계는 하나님 편에서 해결하셔야 합니다.[57] 사람에게는 해결의 방법이 없습니다. 죄 값을 치를 능력이 되지 않기 때문입니다. 그래서 하나님은 그 죄의 문제를 해결하기 위해서 죄 없는 아들을 징계하셨고 예수께서 대신 징계를 받으심으로 하나님과 원수 되었던 관계를 회복시켜 주셨습니다.

이렇게 하나님과 화목하게 됨으로 우리는 평화를 누리게 되었습니다. 평화란 무엇입니까? 온전한 상태를 의미합니다. 내적으로, 어느 부분도 깨어지지 않고 모나지 않은 온전한 상태가 평화라고 할 수 있습니다.[58] 예수 믿는 사람에게 나타나는 커다란 특징 중의 하나는 평화입니다. 돈이 없어도, 직장이 없어도, 인생의 밑바닥에 있어도 주님과의 관계가 올바르면 우리의 마음은 평화를 누릴 수 있습니다. 메시아 예수께서 십자가에서 이루신 평화가 우리에게로 흘러들어와 우리의 마음과 생각을 지켜주시는 것입니다. 초대교인들이 그러했습니다. 예수 믿는다고 돈이 생기고 떡이 생긴 것이 아닙니다. 오히려 예수 믿으면 핍박 받고 순교 당했습니다. 그러나 핍박 받고 순교당하는 그 순간에도 그들의 마음속에는 평화가 있었기 때문에 그 모든 어려움을 이겨낼 수 있었습니다. 이러한 평화를 누릴 수 있었기에 수없이 많은 사람들을 예수 그리스도에게 인도하며 기독교의 초석을 놓을 수 있었던 시기가 초대교회 시대였습니다.

  이 평화는 최초의 창조의 질서라고도 할 수 있습니다. 깨어지지 않은 온전함이 그 안에 있기 때문입니다. 그러므로 평화를 누린다고 하는 것은, 비록 이 땅에 살아가지만 천국을 누리는 삶을 경험하는 것이고, 또한 창조질서의 회복에 참여하는 것이라고도 할 수 있습니다. 기독교 역사를 돌아보더라도, 은혜가 있는 곳, 그리고 회복의 역사가 있는 곳에는 평화의 경험이 있었습니다. 다시 본향을 찾아가는 경험이지요. 그것을 가능하게 하신 분이 메시아 예수이십니다.

징계를 받으심 – 간고의 문제를 해결

  메시아 예수께서 징계를 받으신 사건은 또 한편으로 인간이 해결하지 못한 '간고'의 문제를 해결하신 사건이었습니다. '간고'란 큰 아픔이나 슬픔을 의미하는 단어라고 말씀드렸습니다. 우리 마음속에는 해결되지 못한 아픔과 슬픔들이 있습니다. 왜 그렇습니까? 이 세상은 눈물로 가득 차 있기 때문입니다. 아픔으로 가득한 세상이기 때문입니다. 유행가 가사를 보면 늘 아프고 슬픈 이야기들로 가득 차 있습니다. 슬픔을 겪지 않은 사람이 없기 때문입니다. 아픔을 겪어보지 않은 사람이 거의 없기 때문입니다. 그래서 유행가 가사는 슬픔을 담고 아픔을 담아내어야 대중적으로 사람의 마음을 얻을 수 있습니다. 그런데 이러한 노래들이 사람의 마음을 얻는 것은 성공할 수 있지만 그 슬픔을 해결해 주지는 못합니다. 그 슬픔을 해결할 수 있는 방법이 사람에게는 없기 때문입니다.

이것을 아시는 메시아 예수께서 이 문제를 해결하시기 위해 십자가에서 하나님의 징계를 받으신 것입니다. 그 분께서 징계를 받으심으로 우리가 평화를 누리며 인간 안에 있는 아픔과 슬픔들이 위로 받게 되었던 것입니다. 그러므로 누구든지 십자가 앞에 나아간다면 예수께서 이루어 놓으신 간고의 문제의 해결을 경험할 수 있습니다.

5.3 십자가의 죽으심으로 육(肉)적인 문제 해결

채찍 맞으심 – 육신의 치료

세 번째로 메시아 예수는 우리의 육신적인 문제를 해결하시기 위하여 채찍을 맞으셨습니다. 여기서 채찍에 맞았다는 것은 그저 몇 차례 맞았다는 의미가 아닙니다. 온 몸을 다 채찍으로 맞으신 것입니다. 'The Passion of the Christ'라는 영화를 보신 분들은 이 채찍이 얼마나 엄청난 살인도구인지 알고 계실 것입니다. 그냥 채찍이 아니라 그 끝에 날카로운 쇳덩이가 붙어 있어 한번 때릴 때마다 몸 속 깊숙이 박혔다가 살점들을 떼어내는 것입니다. 이것은 가장 잔혹한 체벌이었습니다. 그 분이 그렇게 온

몸의 살점들이 떼어져 나가는 채찍을 맞으신 이유는 우리 육체의 연약함을 고치시기 위해서입니다.

여기서 '나음'은 히브리어로는 '치료'를 의미합니다.[59] 그 분이 우리를 치료하시기 위해서, 우리를 깨끗케 하시기 위해서 채찍에 맞으셨다는 것입니다. 그렇기 때문에 우리는 소망을 가질 수 있습니다. 어떠한 육신의 질병이라도 이미 예수 그리스도께서 십자가에서 채찍에 맞아주심으로 우리가 치료를 받을 수 있는 길이 열렸기 때문입니다. 기독교의 신유의 근거가 바로 여기에 있습니다. 베드로 사도는 이사야의 이 본문의 말씀을 자신의 편지에 인용하여 초대교회 교인들에게 적용되도록 하였습니다. "그가 채찍에 맞음으로 너희는 나음을 얻었나니"(벧전 2:24)라고 기록하고 있기 때문입니다.

우리가 아무리 성령 충만하다고 하여도 육신적인 연약함은 별개의 문제일 수 있습니다. 육신을 제대로 관리하고 건강을 위해서 노력하지 않으면 언제든지 그 연약함을 경험할 수 있습니다. 혹은, 육신의 건강을 위하여 아무리 노력하는 사람이라도 자신의 의지와는 상관없이 건강하지 못할 수도 있습니다. 참 어려운 문제입니다. 하나님은 이러한 우리의 연약함을 아십니다. 하나님이 부르셔서 천국에 가기 전까지는 건강함이 필요합니다. 바로 이러한 문제를 해결하시기 위하여 메시아 예수께서 십자가에서 채찍에 맞으심으로 육체의 연약한 문제를 해결 받도록 하신 것입니다. 그러므로 누구든지 육체의 문제가 있는 사람들은 십자가 앞으로 나오십시오. 육체의 질병이 낫는 것이 신비로운 것이 아닙니다. 이상한 종교적 체험이 아닙니다. 이미 기독교 안에 이러한 신유의 역사가 있도록 메시아 예수께서 준비해 주셨습니다.

채찍 맞으심 – 질고의 문제를 해결

메시아 예수의 채찍 맞으신 이유는 3절의 '질고'와도 연결됩니다. '질고'는 영어로 'suffering', 또 다른 의미로는 사람의 연약함을 나타내는 단어라고 말씀드렸습니다. 사람이 가지고 있는 연약함의 대표적인 것은 육신의 질병입니다. 육신의 질병으로 인해 우리는 고통당하게 됩니다. 그런데 이러한 질고의 문제는 사람의 힘으로는 해결할 수 없습니다. 그래서 예수께서 우리를 낫게 하시려고 채찍에 맞으신 것입니다. 이미 앞부분에서 서술하였지만, 질고가 인간의 질병을 의미하기에 "채찍에 맞음으로 나음을 입었다"는 신유를 의미하는 이 구절이 3절의 질고의 문제의 해결과 연결되어 말할 수 있는 것입니다. 같은 내용의 다른 표현이라고 할 수 있습니다.

어느 기독교 병원에 가면 이런 문구가 붙어 있습니다. "의사는 치료를 하지만 낫게 하시는 분은 하나님이십니다." 저는 이 문구가 굉장히 마음 깊이 와 닿았습니다. 육신의 질병을 궁극적으로 치료할 수 있는 분도 하나님이십니다. 그렇기 때문에 그 문제를 해결하시기 위해 예수 그리스도께서 직접 채찍을 맞으셨습니다. 나를 대신하여 채찍에 맞으시며 우리가 이 땅을 살아가면서 경험하게 될 모든 질고를 십자가에서 해결해 주신 것입니다.

5.4 십자가의 죽으심을 통한 전인(全人)적인 구원

우리의 세상적인 가면을 벗게 하심

한번은 제가 고등부 사역을 할 때, 저희 교회 고등부 학생들과 함께 여의도 광장에서 열리는 올네이션스 경배와 찬양 집회에 참석한 적이 있었습니다. 저희 고등부 학생들이 학교가 늦게 끝나서 집회 시간에 조금 늦게 도착하게 되었습니다. 그 때 올네이션스 경배와 찬양에서는 처음으로 발표한 찬양을 부르고 있었는데, 그 찬양은 "주님과 같이 내 마음 만지는 분은 없네 오랜 세월 찾아 난 알았네 내겐 주밖에 없네"라는 찬양이었습니다. 그 곳에 모인 수많은 학생들은 이 찬양을 처음 들었을 텐데도 손을 들고 눈물을 흘리면서 찬양하고 있었습니다. 우리 학생들은 조금이라도 앞으로 나가고 싶어서 자리를 비집고 들어가다가 그 모습을 보고는 더 이상 앞으로 나아가지 못하고 그 자리에 멈춰 섰습니다. 그리고는 그 자리에 가방을 내려놓고 동일하게 두 손을 들고 찬양을 부르며 눈물을 흘렸습니다. 그 곳에 모인 학생들 대부분이 고등학생에 불과한데 얼마나 많은 아픔을 가지고 있기에 이렇게 찬양을 부르면서, 그것도 처음 부르는 찬양 때문에 펑펑 우는지 의아했습니다. 그런데 찬양 때문이라기보다는 찬양 가운데 임재하시는 하나님께서 그들의 마음을 만지시니 그들의 마음속에 숨어 있었던 아픔들과 눈물들이 표현되어진 것입니다. 저희 학생들도 동일하게 마음을 만지시는 주님을 만날 수 있었고, 그 이후에 저희 고등부는 부흥을 경험할 수 있었습니다.

주님이 만지셔야 울 수 있습니다. 주님이 만지셔야 우리 아픔이 드러날 수 있습니다. 주님이 만지셔야 내 안에 깊게 자리 잡고 있는 상처가 보여지고 치유될 수 있습니다. 그때 비로소 우리가 가지고 있는 페르소나(persona)를 벗어버리고 우리 마음을 주님께 맡겨 드릴 수 있습니다. 우리는 이 세상을 살아가면서 너무나 많은 페르소나를 가지고 있습니다.[60] 이것을 하나씩 다 벗겨내면 결국 마음속에는 울고 싶은 마음, 상처받은 마음, 멸시하고 멸시받은 마음으로 가득 차 있을 것입니다. 세상을 살면서 씌워진 이러한 가면들이 나를 규정하고 있기에 내가 누구인지를 잘 알지 못합니다. 혹시 알고 있다고 할지라도 잘못알고 있는 경우가 많습니다. 저의 경우도 그렇습니다! '대학교수', '연구소장', '목사', '복음 전도자', '정책자문위원' 등, 이러한 꼬리표들이 저를 규정해 줍니다. 그러나 이러한 꼬리표들을 떼어내고 나서야 비로소 내가 진정으로 누구인지를 알게 됩니다. 그런데 그러한 일들은 십자가 앞에 나와 주님의 빛으로 나를 바라볼 때 가능합니다. 주님이 나를 만나주실 때 가능합니다. 십자가에서 죽으시고 부활하신 메시아 예수를 만날 때 비로소 세상의 가면을 벗어 낼 수 있고 나를 바라 볼 수 있게 되는 것입니다.

　메시아 예수를 만나면 모든 근원적인 문제들이 해결될 수 있는데, 하나님께 예배드리면서도 세상이 씌워준 가면을 벗지 못하고, 울고 싶은데도 울지 못하고, 아프다고 표현하지 못한다면 무슨 소용이 있겠습니까? 그렇기에 이사야 선지자는 말하기를 '그는 실로 우리의 질고를 지고 우리의 슬픔을 당하셨거늘 우리는 생각하기를 그는 징벌을 받아 하나님께 맞으며 고난을 당한다'고 말하고 있는 것입니다. 그러므로 주님 앞에 나올 때마다, 주님이 바라보시는 나의 모습을 그대로 주님 앞에 내려놓을 수 있어야 합니다. 왜 내 마음을 만질 수 있는 분을 그리 오랜 시간 찾아 헤매십니까? 지금 메시아 예수 앞으로 나오십시오! 예수만이 내 마음을 만질 수 있습니다.

　세상에서 살아간다는 것이 쉬운 일이 아니지 않습니까? 살면서 얼마나 많은 상처와 아픔이 있습니까? 다 이겨내며 헤쳐 나왔지만 완전히 해결되지 않은 것들이 있을 것입니다. 내 마음 한편에는 숨겨두었던 아픔과 슬픔이 있을 것입니다. 그것을 그대로 묻어두고 그것을 해결하지 않으면 그것이 또 다른 아픔을 만들어내고 또 다른 사람을 아프게 할 수 있습니다. 그렇기에 메시아 예수 앞에 나아가 그 부분을 해결해야 합니다. 그리고 주님께 받은 위로를 가지고 그 분과 같이 우리도 다른 사람들을 체휼할 수 있어야 합니다. 체휼이란 그 사람의 상황과 아픔과 눈물을 내 상황과 아픔과 눈물로 여길 줄 아는 마음입니다. 예수 그리스도께서 그런 분이셨습니다. 직접 멸시를 당해 보셨기에, 직접 눈물을 흘려보셨기에, 직접 육체의 연약함을 경험해 보셨기에 그 마음을 너무 잘 아는 것입니다. 그래서 멸시 당하는 자, 우는 자, 슬퍼하는 자들에게 먼저 다가가 자신이 경험하신 아픔과 눈물을 가지고 그 사람을 위로하고 그 사람과 마음을 나누시는 것입니다. 감정을 나누시는 것입니다. 우리도 그러한 위로를 받은 사람이지 않습니까? 그때 우리의 세상적인 가면이 벗겨지는 것입니다.

십자가의 능력으로 전인(全人)을 치유하심

이사야 53장 5절은 예수 그리스도의 구속의 사건을 핵심적으로 보여주고 있는 구절로 '구속의 메시아'라고 이름 붙일 수 있을 것입니다. 그런데 '구속(救贖)'이라는 말이 신학적으로 참 어렵습니다. 성경에 '속(贖)'자가 들어간 단어들이 몇 가지가 있는데, '구속'라는 말도 있고, '대속(代贖)'이라는 말도 있습니다. 그런데 구원론 안에서 '속(贖)'자가 들어간 말은 '값을 치르다'는 뜻을 가지고 있습니다. 그래서 '구속'이라는 말을 단어의 의미대로 풀어보면 '구원하기 위하여 값을 치렀다'는 뜻입니다. 사람 스스로는 자신의 한계와 아픔의 문제를 해결할 수 없기에 예수 그리스도께서 값을 치러 주셨다는 것입니다. 이것은 또 다른 의미로, 고장 난 인간에 관한 회복이라고 할 수 있을 것입니다.[61]

'구속'이라는 것은 어느 날 갑자기 하나님의 아들이 이 땅에 오셔서 십자가에서 한 번 죽으심으로 일어난 사건이 절대 아닙니다. 우리의 죄를 구속하시기 위해서 그 분은 이 땅에 오셨고, 먼저 우리의 연약함과 고통을 직접 경험하셨습니다. 그리고 그대로 해결책이 없다면 너무나 불쌍하게 살다가 죽을 수밖에 없는 우리들을 위해 그 모든 연약함과 그 모든 죄들을 다 짊어지시고 '내가 하나님의 심판을 받아 죽어야 되겠다'고 결단하신 것입니다. 그리고 실제로 우리의 죄와 연약함을 다 짊어지시고 십자가에서 죽어 주신 것입니다. 메시아 예수는 그저 영웅심리로 우리를 구속하신 것이 아닙니다. 철저하게 무너지고, 철저하게 밑바닥까지 내려가고, 철저하게 타락해 버린 사람에게는 어떠한 구원의 실마리도 있을 수 없기 때문에 오직 외부로부터, 그것도 하나님께로만 구원이 올 수밖에 없다는 사실을 아셨기에 예수 그리스도께서는 그 구원의 방법이 되시기로 작정하신 것입니다.

또한 그 구속을 통하여 우리의 연약한 한 부분만을 구원하신 것이 아니라, 타락한 모든 부분을 전인적으로 구원하셨습니다. 인간은 죄 짓고 전적으로 타락하였기 때문입니다.[62] 그렇기에 앞부분에서 설명했지만, 메시아의 구속으로 죄 된 우리는 전인적인 회복을 경험하게 된 것입니다. 죄로 인해 하나님과의 단절되었던 관계, 즉, 영적으로 막혀있는 것을 풀어내기 위해 그 분은 나를 대신해서 십자가에서 찔리시고 상하시는 고난을 받으셨습니다. 또한 나의 마음속의 눈물과 아픔의 문제를 해결하기 위해 그 분은 내가 받아야 할 징계를 십자가에서 대신 받으심으로 우리가 평화를 누리게 되었습니다. 이것이 혼적인 회복입니다. 그리고 내가 늘 아파해야 할 육신의 질병, 연약함의 문제를 해결하기 위해 그 분은 나를 대신해서 십자가에서 채찍에 맞으심으로 우리는 나음을 입게 되었던 것입니다. 나는 한 번도 채찍에 맞아본 적이 없고, 나는 한 번도 징계를 받아본 적이 없고, 나는 한 번도 내 몸이 찔리고 상한 적이 없지만 그 분이 십자가에서 그 모든 일을 대신 경험하심으로 말미암아 그 결과만을 누릴 수 있는 축복을 우리에게 허락해 주셨던 것입니다. 이것이 온전한 구원입니다. 하나님께서는 우리가 영적으로만 회복하기를 원하지 않으시고, 전인적으로 온전하게 회복되길 원하셨습니다. 그러므로 예수 그리스도께서 십자가에서 대속해 주심으로 우리의 영과 혼과 육체가 모두 온전하게 회복될 수는 통로를 열어 놓으신 것입니다.

이것이 얼마나 놀라운 은혜입니까? 하나님은 메시아 예수께서 이 땅에 오시기 약 700년 전에 이사야 선지자를 통하여 이 놀라운 전인적인 구원의 은혜를 선포케 하신 것입니다. 그 후, 700년이 지나고 약속대로 메시아 예수께서 이 땅에 오셔서 예언대로 십자가에 죽으시고 부활하심으로 메시아 예수에 관한 십자가의 예언이 성취되었다면, 십자가를 통한 전인적인 회복의 예언도 성취되지 않겠습니까? 어떤 사람에게 성취되겠습니까? 그것은 바로 이 예언을 믿고 십자가 앞으로 나오는 사람입니다!

'브릿지'라는 동영상을 보신 적이 있으십니까? '브릿지'라는 동영상을 보면 철도의 다리를 관리하는 아버지에게 아들이 하나 있었습니다. 어느 날 그 아들이 아버지가 일하시는 곳으로 놀러 왔습니다. 한참을 즐겁게 시간을 보내고 있는데 반대편에서 기차가 오고 있었습니다. 철도의 다리를 내려야 기차가 지나갈 수 있는데 아버지는 기차가 오는 것을 미처 보지 못했습니다. 뒤늦게야 기차를 발견한 아버지가 아들을 찾았을 때 아들은 다리 밑에 있었고 기차는 다리에 가까이 다가오고 있었습니다. 만약에 다리를 내린다면 기차는 무사히 지나갈 수 있겠지만, 아들을 희생해야만 하는 상황이 되었던 것입니다. 마지막까지 고민하던 아버지는 기차 안의 사람들을 살리기 위해 다리를 내리고 맙니다. 그리고 아들이 있는 곳으로 달려가서는 아들의 싸늘한 시체를 붙잡고 울부짖습니다. 그런데 기차 안에 탄 사람들은 무슨 일이 일어났는지도 모르고 그 아버지를 이상하다는 듯이 쳐다보며 지나갑니다.

　이 동영상에 나오는 아버지가 하나님 아버지의 마음을 모두 대변할 수는 없겠지만 몇 가지 던져주는 의미가 있습니다. 그 중의 하나는 기차 안에 타고 있는 사람들은 자신들의 위험을 모른다는 것입니다. 또한, 자신들이 어떠한 위험에 처해 있는지도 모르고 있을 뿐 아니라 만약에 안다고 하더라도 그 문제를 해결할 방법이 그들에게는 없다는 것입니다. 기차 안에서 기차를 멈추려고 해도 이미 다리에 너무 가까이 접근하고 있었기 때문에 철도를 연결할 다리를 내리지 않는다면 그들은 모두 죽을 수밖에 없습니다. 기차 안에 수없이 많은 사람들이 타고 있지만 그 안에서는 자신들을 구원할 방법이 없습니다. 누군가 밖에서 다리를 내려 주어야지만 그들이 살 수 있는 것입니다. 그런데 다리를 내리면 아들이 희생되어야만 합니다. 누군가 희생되어야지만 그들이 살 수 있는 것입니다. 이것이 구속이라고 하는 것입니다. 예수 그리스도의 구속이 바로 이와 같은 것입니다. 그리고 그 구속으로 우리의 모든 부분이 전인적으로 구원받도록 하셨습니다.

5장 "십자가에서 죽으신 메시아 예수"를 마치며…

메시아 예수를 깊이 알기 위한 질문들

1. 메시아 예수께서 십자가에서 죽으심으로 어떻게 우리의 영적인 문제를 해결하셨는지 기술해보세요.

   1)
   2)

2. 십자가에서 "찔리고 상하심"으로 어떻게 세상이 메시아를 멸시한 문제를 해결하셨나요?

3. 메시아가 십자가에서 죽으심으로 어떻게 우리의 혼적인 문제를 해결하셨는지 기술해 보세요.

4. 메시아 예수께서 징계를 받으신 사건이 어떻게 우리의 간고의 문제를 해결할 수 있었습니까?

5. '평화'는 어떠한 상태를 말하는 것인지를 설명해 보세요.

6. 메시아가 십자가에 죽으심으로 어떻게 우리의 육적인 문제를 해결하셨는지 기술해 보세요.

7. 메시아 예수가 "채찍에 맞으심"과 우리의 질고의 문제의 해결은 어떻게 연관이 있습니까?

8. 메시아의 십자가의 죽으심을 통한 전인적인 구원의 관계를 기술해 보세요.

6장

대속의 메시아 예수
(53:6)

"우리는 다 양 같아서 그릇 행하여 각기 제 길로 갔거늘
여호와께서는 우리 모두의 죄악을 그에게 담당시키셨도다"

(사 53:6)

6장

대속의 메시아 예수(53:6)

　우리를 전인적으로 회복하시기 위한 메시아 예수의 십자가 사건을 조금 다른 각도에서 바라본다면 '대속(代贖)'의 사건으로 볼 수 있습니다. 여기서 대속이라는 것은 '나를 대신하여 값을 치르셨다'는 의미를 가지고 있습니다. 그렇다면 '구속(救贖)'과 어떠한 차이가 있는가? 라고 질문 할 수 있습니다. 실제로 '값을 지불하여 구원을 이루셨다'는 차원에서는 그 의미에 큰 차이가 없다고 할 수 있습니다. 그러나 '구속'이라는 단어가 '구원을 위한 값이 지불되었다'라는 것에 더 큰 의미를 두고 있다면, '대속'은 문자 그대로, '나를 대신하여 죽어 주심으로 죄 값을 치루셨다'는 의미가 강조된다고 할 수 있습니다.[63]

이것은 하나님께서 이루어 놓으신 구원의 사건을 경험해 가는 과정으로 이해할 수도 있습니다. 하나님의 구원을 처음 경험할 때에는 '내가 죄인이었는데, 메시아 예수께서 나를 위해 이 땅에 오셔서 고난을 당하시고 십자가에서 죽으심으로 죄 값을 완전히 지불하셨다는 사실'에 감격하고 감사하게 됩니다. 구속이라는 사건이 너무 큰 은혜로 다가오는 것이지요. 그런데 그 구속의 사건을 묵상하고 감사하면서 '대속'이라는 단어가 깊이 있게 경험되어집니다. 즉, '하나님께서 아들을 보내셔서 나를 구속해 주신 사건이 언제나 감사하지만, 곰곰이 생각해 보면, 내가 죽었어야 할 존재인데 나를 대신하여 죽어주셨다'는 그 일이 더 크게 깨달아 지기도 합니다. 구속은 '메시아 예수가 십자가에서 죽으심으로 값이 지불되었다'는데 초점이 맞추어져 있다면, 대속은 '내가 죽었어야 할 죄인인데, 나를 대신하여 죽어 주셨다는 점'에 초점이 맞추어져 있습니다. 대속의 의미를 생각하면서 '나의 죄인 됨' 그리고 '내가 죽어야 할 존재'라는 점이 더 부각되어진 것입니다. 이 과정이 지나고 나면, 이제는 나의 죄 된 자아가 십자가에서 온전히 죽어지게 되는 과정을 거칠 수 있습니다.[64] 처음부터 십자가 앞에 나아가 나의 죄 된 자아가 죽어지는 것이라기보다는, 이러한 하나님의 구원의 의미를 좀 더 깊이 있게 깨달아 가면서 죄 된 자아를 십자가에서 처리해 가는 것입니다.

이사야 53장의 메시아에 관한 예언도 이와 같은 관점으로 생각해 볼 수 있습니다. 5절에서는 메시아 예수께서 십자가의 죽으심으로 우리를 회복하시는 구속의 사건을 구체적으로 서술해 놓았다면, 6절에서는 같은 사건을 '대속'의 관점에서 볼 수 있도록 서술해 놓았다고 할 수 있다는 것입니다. 5절과 6절 모두 예수님의 십자가의 죽음을 언급하지만, 5절에서는 십자가의 죽으심과 회복에 초점이, 6절에서는 우리가 죄인이지만 우리의 죄악을 직접 담당하시고 죄의 근원이 되셔서 죽은 메시아 예수에 초점이 맞추어져 있기 때문입니다. 그렇다면 6절은 메시아 예수의 대속적인 죽음의 관점에서 어떻게 더 구체적으로 살펴볼 수 있을까요?

6.1 대속의 이유(1) – 양(羊)같은 우리 때문에

연약하고 고집 센 우리

이사야 선지자는 53장 6절에서 '우리는 다 양 같아서 그릇행하여 각기 제 길로 갔거늘 여호와께서는 우리 모두의 죄악을 그에게 담당시키셨도다'라고 이야기하고 있습니다. 예수 그리스도께서 우리를 구원하기 위해 대신 값을 치러야 할 이유가 한마디로 '우리가 다 양 같았기 때문'이라는 것입니다. 우리들이 다 양 같기 때문에 예수 그리스도께서 대신 죽을 수밖에 없었다는 것입니다. 바로 '양 같은 나' 때문에 예수 그리스도께서 십자가에서 죽으셔야만 했던 것입니다. 이사야 선지자가 우리를 양으로 비유한 것은 구약시대에 이스라엘 사람들이 살고 있었던 삶의 터전과 관계가 됩니다. 왜냐하면 그들은 양을 치며 살아가는 민족이었기 때문입니다. 우리는 일반적으로 양이 온순하고 사람들의 말을 잘 듣고 다른 가축들과 다툴 줄 모르는 순한 성품을 가지고 있으며 목축을 위해 잘 길들여져 있는 동물이라고 생각하기도 합니다. 그런데 이스라엘 사람들이 살고 있었던 중동 지역에서 통용되는 가장 심한 욕이 '양 같은 놈'이라고 하는 것입니다. 누군가를 향해 '양 같은 놈'이라고 말하는 것은 매우 심하게 욕되게 하는 것입니다. 중동 사람들에게 양은 생각이 모자라고 어리석고 고집이 세고 남의 말에 귀를 기울이지 못하는 지저분한 짐승의 대명사이기 때문입니다.

양들 중에 덩치가 큰 양은 대단히 힘이 세어 앞발을 딱 버티고 있으면 어느 누구도 끌고 가기도 어렵다고 합니다. 양이 앞발로 버티고 고집을 피우면 어떤 사람도 그 양을 끌고 가기 어려울 정도로 고집불통이라는 것입니다. 그래서 성경에서 '우리가 다 양 같다'고 하는 것은 우리가 다 고집불통이라고 말하는 것입니다. 우리 안에 이러한 모습이 있지 않습니까? 그리고 양은 시력이 매우 약하기 때문에 앞을 약 2-3m 정도밖에 내다보지 못한다고 합니다. 그래서 앞에 어떤 위험이 있는지 목자가 없으면 알 수 없습니다. 맹수가 2-3m 앞에 와야 알아차릴 수 있는데, 이미 그 때는 너무 늦어서 결국 맹수들의 먹이가 되고 마는 것입니다. 이렇게 선천적으로 눈이 나쁘기 때문에 성경에서 가장 길을 잘 잃어버리는 대표적인 동물로 양이 거론되곤 합니다. 또한 눈이 잘 보이지 않기 때문에 난간이나 절벽과 같은 위태로운 곳으로 가기를 좋아합니다 그래서 목자들이 양을 잃어버리면 난간이나 절벽 같은 곳을 가서 찾곤 합니다. 틈만 나면, 눈이 잘 보이지도 않으면서, 위태로운 곳으로 가는 것이 양입니다. 그래서 성경에서 우리가 다 양 같다는 말은 순하고 온순하다는 의미가 아니고, 고집불통에 앞도 제대로 보지 못하면서 틈만 나면 위험한 곳으로 가는 습성을 가졌다는 뜻입니다. 주님 없이 나 혼자 잘 살아갈 수 있을 것 같은데, 내 기질 상, 내 습관 상 나는 주님과 떨어지면 죽을 수밖에 없는 위태한 곳으로 다니는 양과 같은 존재라는 것입니다.[65]

각자 제 길로 가는 우리

또 다른 양의 특성 중의 하나는 길에서 벗어나 흩어지는 것에 아주 재빠르고 민첩한 동물이라는 것입니다. 그렇게 길에서 벗어나면 자기 몸무게는 고려하지 않고 늘 비탈로 올라가려고 하고, 자꾸만 더 먼 곳으로 헤매고 다니는 것입니다. 더 깊숙한 곳으로, 더 먼 곳으로, 더 이상 한 발자국도 옮길 수 없을 때까지 방황하기에 목자가 멈추게 하지 않으면 죽을 때까지 방황하는 동물이 양이라는 것입니다.[66]

그리고 치명적인 약점이 한 가지 더 있습니다. 양들은 넘어지면 스스로 일어나지를 못한다고 합니다. 누가 일으켜 세워주지 않으면 넘어져서 버둥거리다가 위에 가스가 차고 혈액순환이 잘 되지 않아 질식해서 결국 죽는 것입니다. 또한, 양은 목자가 멈추게 하지 않으면 계속 먹는 습성이 있습니다. 그대로 내버려 두면 한없이 먹어서 무게를 감당할 수 없을 정도로 뚱뚱해 지는 동물이 양이라는 것입니다. 양은 이처럼 고집이 세고, 눈은 약하고, 넘어지면 혼자서 일어날 수 없고, 끊임없이 먹어서 비만해지거나, 죽을 때까지 방황하는 동물입니다.[67] 그러므로 우리가 양 같다는 표현은 자기 힘으로는 할 수 있는 것이 하나도 없고 그대로 두면 죽을 수밖에 없는 존재가 '우리'라는 것이지요. 그런데 모든 사람이 자기 마음대로 가고 있다는 것입니다. 그렇게 자기 고집대로 다니다가 절벽에서 떨어져 죽든지, 맹수한테 잡혀 먹혀 죽든지, 넘어져서 질식해 죽든지 할 수밖에 없는데도 불구하고 자기가 가고 싶은 대로 갔다는 것입니다.

하나님은 그대로 내버려 두면 죽을 수밖에 없다는 것을 너무 잘 아시기 때문에 우리의 죄악을 메시아 예수에게로 전가시키신 것입니다. 양이 양을 인도할 수 없습니다. 양이 양을 구원할 수 없는 것입니다. 불과 2-3m 밖에 볼 수 없는데, 자기도 쓰러지면 스스로 일어날 수 없는데, 자기도 고집이 있는데, 위험한 절벽을 즐기는 존재인데, 어떻게 양이 양을 인도할 수 있겠습니까? 그래서 하나님은 이사야 선지자를 통해 말씀하고 있는 것입니다. "너희는 다 양 같아서 그릇 행하여 각기 제 갈 길로 가는 존재다!" 하나님만 없으면 각기 제 마음대로 가다가 죽을 수밖에 없는 존재가 바로 우리들이라고 말하고 있는 것입니다.

6.2 대속의 이유(2) – 능력 없는 우리 때문

완전히 타락한 우리

사사기를 보면 이스라엘이 타락하고 회복하는 이야기가 7번 반복해서 나옵니다. '7'은 완전수이기 때문에 7번 타락했다는 것은 '사람은 완전히 타락한 존재'라는 것을 보여 주며, 7번 회복되었다는 것은, '하나님의 회복 역시 완전하다'는 것을 가르쳐 주는 것입니다.[68] 완전히 타락한 사람을 완전히 회복시켜 주시는 분이 하나님 이시다는 내용이 사사기의 주제입니다. 그런데 하나님께서 타락한 이스라엘을 회복시켜 주셨는데도 불구하고 지속적으로 이스라엘이 다시 타락하는 이유는 무엇입니까? 이에 대해 사사기는 '자기 소견에 옳은 대로 행하였기 때문'이라고 이야기 합니다. 사사 시대는 한 마디로 '자기 소견에 옳은 대로 살았던 시대'라는 것입니다. 하나님의 기준 앞에서 하나님께 물어보고 하나님의 뜻대로 살아간 것이 아니라 자기 생각대로 자기 뜻대로 살았기 때문에 지속적으로 타락한 것입니다. 하나님이 원하시는 대로 가야 하는데, 목자가 이끄는 대로 가야 하는데, 조금만 틈이 나면 능력이 없음에도 불구하고 자기 소견에 옳은 대로 행하는 것입니다.

 이것이 양 같은 것입니다. 우리는 다 양 같아서 그릇 행하여 각기 제 길로 갔지만 하나님께서는 우리의 죄악을 우리에게 담당시키신 것이 아니라 예수 그리스도께 옮기셔서 담당시키신 것입니다. 예수 그리스도께서 죄 있는 우리들을, 하나님을 떠난 우리들을 살리기 위해 대신 죽어 주셨다고 하는 것입니다. 능력도 없는 우리들이 우리의 생각과 마음대로 살았는데, 그 죄를 대속하시기 위해서 하나님의 심판을 받아 죽어 가신 분은 메시아이신 예수라는 것입니다. 왜 그렇습니까? 한 순간만 목자를 떠난 것이 아니라, 늘 목자를 떠나 살려고 하는 죄 된 습성을 지닌 완전 타락한 존재가 바로 우리이기 때문입니다. 한 순간만 목자를 떠났다고 생각하지 마십시오. 사사기에 나타나 있듯이, 하나님께서 회복시켜 놓으면 또 죄를 향하여 떠나는 것이 우리입니다. 철저하게, 완전히 타락한 존재가 바로 우리입니다. 그래서 하나님 역시 우리를 완전히 회복하시기를 원하십니다.

 이사야 53장 6절은 짧은 구절이지만, 이 구절은 죄가 무엇인지를 분명하게 보여줍니다. 죄는 '하나님을 떠난 것'입니다. 자기 소견에 옳은 대로 하나님을 떠나 각기 제 길로 가는 것이 바로 죄라는 것입니다.[69] 하나님을 떠난 사람들은 '하나님'이라고 하는 기준이 없으니, '이것이 옳다', '저것이 옳다'고 나름대로 자기 소견을 가지고 자기 생각대로 살아가는 것입니다. 양들은 목자의 보호 속에 있어야 살 수 있고, 쉴 수 있고, 먹을 수 있고, 그리고 안전이 보장됩니다. 그런데 양의 습성처럼 목자를 떠난다고 하는 것, 자기 소견에 옳은 대로 살아간다는 것이 얼마나 위험한 일인지 모릅니다. 그것은 목자의 마음을 아프게 해 드리는 것이고, 죽음의 길을 가는 자살행위와 같은 것입니다. 하나님의 자녀들은 하나님께 붙어 있어서 하나님의 도우심을 받고 하나님의 인도하심을 받으며 살아가야 하는데, 하나님을 떠나서 내 뜻대로 내 생각대로 내 마음대로 살아가는 것입니다. 하나님을 떠나 내 생각대로 살면 잘 살 수 있을 것 같지만, 그 길은 필연 죽음의 길이라는 것을 성경은 가르쳐 주고 있습니다(잠 14:12).[70] 그래서 하나님이 멈추게 하지 않으시면, 하나님이 찾지 않으시면, 결국 그 자리에 쓰러져서 죽을 수밖에 없는, 또는 맹수의 밥이 될 수밖에 없는, 또는 넘어지면 스스로 일어날 수 없는 그런 존재가 바로 양과 같은 우리이기 때문에 하나님은 우리의 죄를 메시아 예수에게 전가시켜 주셨던 것입니다.

도움 없이 일어설 수 없는 우리

그런데 왜 하나님은 우리를 그대로 내버려 두지 않으십니까? 지속적으로 타락하는 이스라엘을 끝까지 회복시키시는 이유가 무엇입니까? 이미 말씀드린 바와 같이 그대로 두면 죽을 수밖에 없기 때문입니다. 죽을 수밖에 없는 우리를 사랑하시기 때문입니다. 어떤 사람들은 이 부분을 직설적으로 질문하기도 합니다.

하나님과 나는 전혀 관계가 없는데, 하나님과 나는 전혀 만나지도 않았는데, 왜 하나님이 나를 사랑하십니까?

성경은 우리를 양과 같다고 말씀하는 동시에 하나님은 우리의 목자가 되신다고 말씀하고 있습니다. 자기 양들을 버리는 목자가 어디 있습니까? 그 양들이 울타리를 벗어나 헤매고 있었을 때, 비탈길에서 떨어지기 일보직전에 살려달라고 울고 있을 때, 그대로 내버려 둘 목자가 어디에 있겠습니까? 더군다나 메시아 예수는 선한 목자이시기에 자기 목숨을 바쳐서라도 죽음을 앞두고 있는 그 양을 찾아 헤매시는 분이십니다. 비록 우리가 제 멋대로 떠났지만, 그렇게 하나님을 떠나면 죽을 수밖에 없다는 사실을 너무 잘 알고 계시기에 우리를 그대로 내버려 둘 수 없었던 것입니다. 우리에게는 스스로 일어날 능력이 없습니다. 그래서 그대로 지켜 볼 수 없었던 것이지요.

어쩌면 목자를 떠나 우연히 그 양들이 푸른 초장을 찾았을 수도 있을 것입니다. 쉴만한 물가를 찾았을 수도 있겠지요. 그러나 목자의 보호가 없는 푸른 초장, 목자의 보호가 없는 쉴만한 물가가 무슨 소용이 있습니까? 맹수가 한번 공격하면 그 공격을 방어할 능력이 없는 양들인데, 그리고 그 자리에서 먹다가 쓰러지면 자기 혼자 일어날 수도 없는 양들인데, 그래서 비록 하나님을 떠나서 한 순간 잘 된다고 하는 것, 하나님을 떠나서 한 순간 우리가 형통하다고 하는 것, 그것이 복이 아니라는 것을 명확히 알아야 합니다. 우리는 아무런 능력이 없습니다. 그렇기에 우리의 목자 되신 하나님은 하나님을 떠난 우리들을 그대로 내 버려두실 수가 없어서 우리를 구원하시기로 작정하셨습니다. 그래서 우리의 죄를 대신 담당하신 것입니다. 이것이 대속입니다.

6.3 대속의 은혜를 경험하는 과정

구속, 속죄의 은혜를 깨달음

앞에서 언급했지만, 우리가 구원의 은혜를 깨달아 가는 과정이 있습니다. 먼저는 구속의 은혜를 깨닫는 것이고, 다음으로는 대속의 은혜를 깨닫는 것입니다. 구속이라는 것은 '값을 지불해서 나를 구원해 주셨다'는 것입니다. 메시아 예수께서 값을 지불해 주셨다는 것에 초점이 맞추어져 있습니다.[71] 특별히 메시아 예수의 죽음으로 내 죄가 사해졌다는 것에 큰 초점이 있습니다. 그리고 그 사실에 감사하게 되지요. 이렇게 보자면, '속죄(贖罪)'의 은혜라고도 할 수 있습니다. 죄 사함의 은혜 말입니다.[72] 사도요한도 요한일서를 기록하며 신앙의 성장단계를 세 단계로 서술하였습니다. 자녀의 단계, 청년의 단계, 그리고 아비의 단계입니다.[73] 그런데 각 단계마다 그 단계를 규정짓는 특징이 있습니다. 여기에 보면, 자녀의 단계의 특징이 있습니다. 그것은 죄가 사하여짐을 경험하는 것입니다. 즉, 속죄입니다. 속죄의 은혜는 너무 큰 은혜입니다. 바로 여기서부터 하나님의 자녀로 거듭나게 되는 것이지요. 그렇기에 하나님의 구원을 온전히 경험하는 첫 단계가 '속죄'를 경험하는, 또는 '구속'을 경험하는 단계라고 할 수 있습니다.

5절에도 보면, 우리를 전인적으로 구속하시기 위한 십자가 죽음의 모습을 자세히 기록하고 있습니다. 물론 이 의미 안에서도 대속의 의미를 내포하고 있다고 할 수도 있습니다. 그 죄 값의 지불이 나의 죄를 위한 것이기 때문입니다. 그러나 다분히 죄 값을 지불하기 위한 메시아 예수의 죽음과 그것을 통한 회복에 더 초점이 맞추어져 있습니다. '아! 예수께서 그렇게 죽어주셨기에 구원을 받을 수 있었구나!' '아! 죄 값을 지불하시기 위하여 그렇게 극심한 고통과 수난을 당하셨구나!'라고 깨닫고 은혜를 누리는 것이 이 단계라고 할 수 있습니다.

복음을 듣고 구원을 경험했을 때, 처음으로 누릴 수 있는 은혜입니다. 그리고 늘 죄의 문제와 싸우며 승리할 때 경험할 수 있는 은혜입니다. 구속의 은혜를 찬양하는 대표적인 찬양가운데 다음과 같은 찬양이 있습니다. "속죄하신 구세주를 내가 찬송하리라 내 죄 사해 주시려고 보혈 흘려주셨네 크신 사랑 찬양하리 나의 죄 사하려고 십자가에 죽임당한 나의 주 찬양하리." 구속의 은혜를 깊이 깨달은 사람들은 이렇게 찬양하는 것입니다. 저는 아직도 이 찬양을 부르기만 하면 가슴이 뭉클해집니다. 그 구속의 은혜가 다시금 깊이 있게 느껴지기 때문이지요. 그리스도인들은 능력이 없는 나를 위하여 죄 값을 지불해 주신 메시아 예수의 구속의 사건을 감사하고 찬양할 수밖에 없습니다.

대속의 은혜를 경험

그런데 이 구속의 단계를 넘어서서 십자가를 묵상하다 보면 더 깊게 깨달아지는 것이 있습니다. 그것은 대속이라는 은혜입니다. 구속이 죄의 값을 지불해서 나를 살리셨다는 것을 강조한 것이라면, 대속은 내가 죽어야 하는데 나를 대신해서 예수 그리스도께서 죽으셨다는 점을 강조합니다. 예수 그리스도의 죽음이 나를 대신해서 죽어 주신 대속의 죽음이라는 것을 깨닫는 것입니다. 죄는 내가 지었는데, 내가 지은 그 모든 죄를 예수 그리스도께서 친히 담당하신 것이 대속입니다. 내가 죽어야 하는데, 내가 찔려야 하고, 내가 징계를 받아야 하고, 내가 채찍에 맞아야 하는데, 예수 그리스도께서 나를 대신해서 십자가에서 그 모든 고난을 감당해 주셨다는 사실이 깨달아 지는 것이 대속의 은혜입니다. 물론, 구속의 은혜를 경험할 때에도 대속의 은혜를 전혀 경험하지 못한다는 것은 아닙니다. 중복되고, 겹쳐지는 부분이 있습니다. 그러나 그 대속의 의미가 진정으로 깨달아지는 시간이 있다는 것이지요. 반복해서 죄를 짓는 나의 모습을 보며, 내가 죽었어야할 존재라는 것이 더 깊이 있게 깨달아 지는 시간입니다. 그리고 그때 나 대신 죽어주신 은혜가 너무 크게 다가옵니다. '내가 죄인이구나! 내 힘으로 감당할 수 없는 죄인이구나!' 라는 사실을 더 깊게 깨닫는 것이지요. 실제로 하나님의 은혜를 깊이 있게 누리면 누릴수록 내가 죄인임이 더 깊게 드러납니다. 그렇기에 대속의 은혜가 그때서야 깊이 있게 경험되는 것입니다.

그렇다면 왜 구속의 은혜를 먼저 경험하고, 대속의 은혜를 경험할 수 있는지, 왜 이렇게 구분하여 설명할 수 있는지 다시 한번 말씀드리겠습니다. 먼저는 구속의 은혜를 경험하고 나서도 계속해서 죄 짓고 넘어지는 '나'를 발견하기 때문입니다.[74] 물론 십자가 앞에 나아가면 다시 용서 받고 회복될 수 있다는 것을 알지만, 지속해서 죄를 짓고 넘어지는 나의 한계를 보며 내 안에 있는 죄가 더 크게 보여 지기 시작합니다. 갈등이 생겨나기도 합니다. 그러다가 느껴지는 것이 있습니다. 내가 정말로 용서받지 못할 죄인이었다는 사실이 깊이 있게 깨달아 지는 것입니다. 내 죄가, 그리고 내가 용서받지 못할 죄인이었다는 사실이 더 깊게 깨달아지면서, 그러한 나를 대신하여 죽신 메시아 예수의 죽음이 더 크게 깨달아지기 시작합니다. 즉 대속을 직접적으로 경험하기 시작하는 것입니다. 이 과정에서는 '죄의 문제', 그리고 '죄인인 나의 문제'를 하나님의 구원의 사건과 견주어 가면서 고민하기 시작하고, 온전한 구원을 위한 나의 결단을 생각하게 됩니다.

이사야 선지자는 6절에서 이러한 대속의 메시아를 설명하고 있는 것입니다. 대속의 은혜가 깊이 깨달아질 때 부르는 대표적인 찬양이 있습니다. "나 같은 죄인 살리신 주 은혜 놀라와 잃었던 생명 찾았고 영생을 얻었네." 대속이 언제 깊이 있게 깨달아지는지 아십니까? 내가 큰 죄인이라는 사실이 깨달아질 때 대속의 의미가 깊게 깨달아집니다. "하나님, 나는 죽을 수밖에 없는 자입니다. 이렇게 많은 죄를 가지고 있기에 나는 죽을 수밖에 없는 자입니다."라는 것이 깨달아질 때, 메시아 예수는 "그래, 너는 죽을 수밖에 없지만 내가 너를 죽도록 내버려 둘 수 없어서 너를 살리기 위해 너를 대신해서 내가 죽었단다."라고 대답해 주십니다. 이러한 은혜가 깨달아질 때 고백하게 되는 것이 있습니다. "어메이징 그레이스(Amazing Grace)"! 하나님, 나를 살리신 것은 놀라운 은혜입니다. 하나님, 너무나도 놀라운 은혜입니다.

대속의 은혜를 깨달아가는 그리스도인들에게 표현되는 고백들이 있다면 다음과 같은 내용일 것입니다. '내가 죄인인데, 내가 다른 사람을 무시하고, 내가 다른 사람을 사랑하지 못하고, 내가 기준을 알면서도 그렇게 살지 못했는데, 의로우신 예수 그리스도께서, 하나님의 아들이신 예수 그리스도께서 그 모든 것을 버리고 어떻게 나를 위해 죽으셨습니까?' 그러나 이러한 대속의 은혜는 하나님의 역사가 아니고는 깨달을 수 없습니다. 그래서 아직도 내가 죄인이라는 사실이, 너무나도 큰 죄인이라는 사실이 깊이 있게 느껴지지 않는다면 겸손히 하나님 앞에 구해야 합니다. 성령의 조명 아래서 내 안에는 선한 것이 하나도 없다는 사실이 깨달아질 수 있도록 그 빛을 비추어 달라고 구해야 합니다.

그 사실이 깨달아질 때 나를 대신해서 죽어주신 예수 그리스도께서 얼마나 귀하고 놀랍게 다가오는지 모릅니다.

내가 죽을 십자가를 바라봄

한국의 지존파를 아십니까? 그들이 독해지기 위해 인육까지 먹었다는 사실을 잘 알고 있을 것입니다. 사람이기를 포기한 것이지요. 그들은 붙잡히고 감옥에 갇혀서도 너무 포악해 감옥의 간수들도 가까이 하지 못했다고 합니다. 그런데 사랑의 교회 한 집사님이 그들에게도 복음을 전해야 한다는 생각으로, 그들과 아무런 세상적인 관계가 없었지만, 아무도 사람 취급을 하지 않는 두목에게 영치금과 쪽 복음을 넣어주었습니다. 지존파 두목은 매주 들어오는 영치금을 보면서, 가족도 포기한 나에게 누가 이렇게 계속해서 영치금을 넣어주는가 하는 생각을 하다가, 결국 그 사랑에 감동되어 영치금을 돌돌 싸서 넣어준 쪽 복음을 읽게 되었습니다. 그러다가 요한복음 3장 16절 "하나님이 세상을 이처럼 사랑하사 독생자를 주셨으니 이는 그를 믿는 자마다 멸망하지 않고 영생을 얻게 하려 하심이라."라는 말씀에 부딪혔습니다. 그 한 구절이 성령의 임재 가운데 깊이 깨달아지면서 주님을 만나게 되었습니다. "하나님, 내가 죽을 자입니다. 이대로 내버려 두면 인간 취급도 못 받고 죽을 자였는데 이러한 나도 당신이 사랑하셔서 나를 위해 십자가에서 죽으셨다는 사실을 이제는 내가 믿습니다."

 그는 사형수로 죽기까지 그 감옥에서 위대한 전도자가 되어 만나는 사람마다 복음을 전하고 구원을 받을 수 있도록 도와주었다고 합니다. 그리고는 사형을 집행할 때, 찬양을 부르며 죽음을 맞이하였고 합니다. 죽는 순간에도 두려움이나 불만이 없이 천국을 사모하며 죽음을 맞이하였다고 합니다. 그는 복음을 통하여 내가 죽어야할 사람이라는 것을 깨닫게 되었을 것이고, 또한 십자가 앞에서 죄 된 자아를 온전히 내려놓고 굴복한 시간이 있었을 것이라고 생각해 봅니다. 왜냐하면, 십자가 앞에서, 이제는 내가 죽어야할 죄인임을 깨닫고 굴복한 시간이 없었다면, 죽음 앞에서 담담하고 순수하게 죽음을 맞이할 수 없기 때문입니다. 누구나 죽음은 두렵고 무섭기 때문입니다. 십자가에서 죄 된 자아를 처리해 보지 않은 사람은 죽음을 두려워하게 되어 있습니다. 죽어본 경험이 없기 때문입니다. 그러나 십자가에서 온전히 죽어진 사람은 죽음을 두려워하지 않습니다. 이미 죽음을 경험했기 때문이고, 그 결과 하나님께서 절대적으로 그와 함께 계시며, 이 세상의 죽음은 끝이 아니라 영원한 삶의 시작임을 확실히 믿기 때문입니다.

 대속의 은혜를 경험한 사람은 이제 자신의 죄를 십자가에서 온전히 처리하기를 원하게 됩니다.[75] 그 죄의 뿌리가 뽑혀지지 않고는, 다시 죄 짓는 일을 반복하고 또 넘어지기 때문입니다.[76] 대속의 은혜를 통하여 자신의 죄의 문제의 심각성을 보고, 자신에게 있는 죄의 문제와 씨름하다가 급기야는 그 죄의 모든 것을 십자가 앞에 가져와서 예수님처럼 철저하게 모든 것이 십자가에 못 박혀 죽어지기를 원하는 것이지요.[77] 그때, "내가 그리스도와 함께 십자가 못 박혀 죽었나니…"(갈 2:20)의 고백을 할 수 있는 계기가 되는 것입니다. 철저하게 십자가에서 죽음을 경험한 사람은 메시아 예수의 부활에도 동참하여 풍성한 열매를 경험하게 됩니다.[78] 죽음에서 끝나는 것이 아니라, 부활의 풍성한 열매가 있는 것이지요.

이상에서 구원의 은혜를 경험하며 온전해 지는 과정을 구속의 은혜의 과정, 대속의 은혜의 과정, 그리고 내가 온전히 죽어지는 과정으로 나누어 설명하였습니다. 이론적으로는, 그리고 훈련의 과정에서는 충분히 이와 같이 설명할 수 있지만, 사람에 따라서, 또는 하나님의 역사하심에 따라서는, 이미 언급하였지만, 앞의 두 가지 단계를 한 번에 경험할 수도 있다고 봅니다. 여기서는 일반적인 과정을 설명하기 위하여 구분을 하였고, 또한 이사야 53장의 5절과 6절을 구분하여 설명하기 위해 구원의 과정을 십자가 중심으로 나누어 설명한 것입니다.

6장 " 대속의 메시아 예수"를 마치며…

메시아 예수를 깊이 알기 위한 질문들

1. 구속과 대속의 차이를 설명해 보세요.

2. 우리가 "양 같다"라고 했을 때, 양이 가지고 있는 고집 센 성품과 그리스도인들의 모습을 비교하여 설명해 보세요.

3. 목자를 떠나 각기 제 길로 가는 양의 모습이 왜 우리 안에 있는 죄의 모습을 기술하는 것인지를 설명해 보세요. 어떠한 관계가 있습니까?

4. 메시아 예수께서 우리를 대속하신 이유는 우리에게 구원의 능력이 없기 때문입니다. 이것을 양의 성품과 관련지어 설명해 보세요.

5. 하나님의 구원을 온전히 경험해 가는 과정을 기술해 보세요.

6. 왜 5절을 '구속'의 관점에서, 그리고 6절을 '대속'의 관점에서 볼 수 있습니까?

7. 메시아 예수를 어디까지 닮아야 합니까? 십자가의 죽음의 관점에서 설명해 보세요.

7장

침묵의 메시아 예수
(53:7-9)

"그가 곤욕을 당하여 괴로울 때에도 그의 입을 열지 아니하였음이여 마치 도수장으로 끌려 가는 어린 양과 털 깎는 자 앞에서 잠잠한 양 같이 그의 입을 열지 아니하였도다 그는 곤욕과 심문을 당하고 끌려 갔으나 그 세대 중에 누가 생각하기를 그가 살아 있는 자들의 땅에서 끊어짐은 마땅히 형벌 받을 내 백성의 허물 때문이라 하였으리요 그는 강포를 행하지 아니하였고 그의 입에 거짓이 없었으나 그의 무덤이 악인들과 함께 있었으며 그가 죽은 후에 부자와 함께 있었도다"

(사 53:7-9)

7장

침묵의 메시아 예수(53:7-9)

　세상을 구원하기 위해 이 땅에 오신 메시아 예수께서 그 구원의 방법을 성취하신 것은 하나님의 계획대로 십자가를 지시고 죽는 일이었습니다. 우리의 죄 값이 사망이기 때문입니다. 그러나 죽으시고 끝난 것이 아니라, 다시 부활하심으로 죽음의 권세를 이기시고 사단의 모든 세력으로부터 승리할 수 있는 길을 열어 놓으셨습니다.

　그러나 우리 그리스도인들이 잘 알지 못하는 사실이 있습니다. 메시아 예수께서 십자가에서 죽으신 사건을 알고 있지만, 그 죽기까지의 과정을 어떠한 자세와 태도로 임하셨는지에 관한 사실입니다. 물론 우리가 2000년 전에, 유대 땅에서 예수님과 동시대에서 살지 못했기에 잘 알지 못하는 것이 당연하다고 여길 수 있고, 또한 십자가에서 죽으신 사건이 중요할 뿐 죽기까지의 자세와 태도가 뭐 그리 중요하겠는가 싶지만, 하나님은 이사야 선지자를 통하여 죽기까지의 메시아 예수께서 취하셨던 태도와 자세를 상세히 예언하게 하셨습니다.

메시아 예수께서 십자가를 지시기까지의 자세와 태도를 한마디로 말한다면 '순종'과 '침묵'이었습니다. 철저하게 구원을 위한 하나님의 계획에 순종하셨으며, 그 순종의 표시로 나타난 자세가 '침묵'이었습니다.[79] 많은 억울함과 항변, 그리고 외치고 싶은 메시지가 있으셨겠지만, 메시아 예수께서는 십자가에서 죽으실 때까지 철저하게 당신의 개인적인 말씀과 감정을 드러내지 않으셨습니다. 십자가에서 죽기까지 순종하시고 침묵하신 메시아의 모습을 보면, 하나님께 순종한다고 하는 것이 어떠한 것인지 배우게 됩니다.

결과만 순종인 삶도 있을 수 있습니다. 그러나 메시아 예수는 처음부터 끝까지 철저하게 하나님께 순종하는 삶을 사셨습니다. 특별히 죽음을 앞두고 자신은 죄가 없으셨지만, 당하셔야만 했던 고난과 멸시와 능욕 앞에서 한마디도 억울하다는 표현을 하지 않으셨습니다. 그분은 이미 십자가에서 죽기 전에 이미 심적(心的)으로는 죽음을 결단하였던 것입니다. 이미 세상에 대해서 모든 것이 죽었다는 결심이 있었기에 어떠한 변명도 하지 않으시고 침묵으로 당신의 마음을, 그리고 하나님께 대한 충성을 보여주신 것입니다. 오늘날 그리스도인들도 이러한 메시아 예수의 모습을 닮아가야 하지 않을까요?

7.1 침묵 – 대속을 감당하신 방법

성경에 나타난 메시아의 침묵

이사야 53장 7-9절을 보면, 침묵하시는 메시아의 모습이 잘 나타나 있습니다. 1-2절에서는 연약한 모습으로 오시는 메시아 예수를, 3-4절에서는 고난의 메시아 예수를 보여 주었다면, 5-6절에서는 구속과 대속의 메시아 예수를 보여주었습니다. 그런데 7-9절에서는 침묵의 메시아를 보여주고 있는 것입니다. 이 침묵은 고난과 대속을 온전히 감당할 수 있는 방법이었습니다. 이 침묵이 죽음의 전 단계라는 것이지요. 예수 그리스도께서 우리의 모든 죄와 한계를 짊어지시고 우리 대신 십자가를 지시기로 작성하셨는데, 십자가를 지시기까지는 과정이 있습니다. 그 과정을 거치지 않으면 죽음에 이르지 못합니다. 그런데 십자가를 지시기까지 거쳐야할 과정에서 취하신 방법이 바로 침묵입니다. 그래서 이사야 선지자는 53장 7절에서 대속의 방법으로서 침묵을 이야기 하고, 8절에서는 침묵하신 상황에 대해서, 그리고 9절에서는 침묵의 방법과 결과를 보여주고 있습니다. 예수 그리스도께서 어떠한 방법으로 침묵하셨고, 그 침묵의 결과가 무엇인지를 설명해 주고 있는 것입니다.

극동방송을 듣다가 재미있는 이야기를 듣게 되었습니다. 한 초등학생이 용돈이 필요했습니다. 그런데 엄마에게 돈을 달라고 하기가 미안해서 고민을 하다가 꾀를 내어 편지를 썼습니다. 그리고 그 편지를 엄마가 잘 보는 화장대 위에 올려놨습니다. 그 편지에 이 초등학생은 다음과 같이 써 놓았습니다. "아침마다 신발 닦아 드린 것 500원, 방 청소한 것 500원, 심부름한 것 500원, 동생 돌본 것 500원을 청구하고요, 시험 100점 맞은 것은 1000원을 청구합니다. 모두 합해서 3000원을 내일까지 주시기 바랍니다." 엄마는 아들의 청구서 같은 편지를 보고 웃으시면서 답장을 쓰셨습니다. 그 답장의 내용은 이런 것입니다. "엄마가 너를 임신하고 10달 동안 고생한 거 무료, 네가 심하게 아팠을 때 업고 병원에 달려가서 밤샌 것도 무료, 밤중에 고열로 시달릴 때 물수건을 올려주며 기도한 것 무료, 네가 필요한 것 사 준 것도 무료, 나는 네게 모든 것을 무료로 주기로 작정했단다." 엄마가 아들에게 청구하려고 한다면 얼마나 더 많은 것들을 청구할 수 있겠습니까? 그런데 엄마는 어른이잖아요. 엄마는 아들보다 성숙했잖아요. 엄마의 성숙이 어떻게 표현되었습니까? 모든 것을 다 내어주면서도, 모든 것을 다 희생하면서도 말없이, 모든 비용을 다 말없이 주는 것입니다. 이사야 53장 7-10절이 바로 그렇게 침묵하시는 메시아의 모습을 보여주고 있는 것입니다. 그러므로 말없이 침묵할 수 있다는 것은 최고의 사랑의 표현이며, 순종의 표현이고, 희생의 표현이라 할 수 있습니다.

이사야는 예수 그리스도의 침묵을 7절에서 간단하게 설명해 놓았지만, 사복음서에는 예수 그리스도께서 마지막까지 입을 열지 않고 침묵하셨던 내용이 자세히 나옵니다. 마태복음 27장 11-12절을 보면 자신을 채근하던 빌라도에게 예수는 한 마디 짧게 대답하십니다. "예수께서 총독 앞에 섰으매 총독이 물어 이르되 네가 유대인의 왕이냐 예수께서 대답하시되, 네 말이 옳도다 하시고 대제사장들과 장로들에게 고발을 당하되 아무 대답도 아니하시는지라." 빌라도에게 짧게 대답하셨던 메시아 예수는 대제사장과 장로들이 말도 되지 않는 이유로 자신을 고발할 때 아무 대답을 하지 않으셨습니다. 이어 빌라도에게도 계속 침묵으로 일관하시는 것을 볼 수 있습니다. 13-14절을 보니 "이에 빌라도가 이르되 그들이 너를 쳐서 얼마나 많은 것으로 증언하는지 듣지 못하느냐 하되, 한 마디도 대답하지 아니하시니 총독이 크게 놀라워 하더라." 또한 메시아 예수는 대제사장의 뜰에서 부당한 재판을 받으실 때도 아무 대답이 없으셨습니다. 마가복음 14장 60-61절을 보면, "대제사장이 가운데 일어서서 예수에게 물어 이르되 너는 아무 대답도 없느냐 이 사람들이 너를 치는 증거가 어떠하냐 하되 침묵하고 아무 대답도 아니하시거늘."이라고 기록되어 있습니다. 마지막으로 누가복음 23장 8-9절에서는, "헤롯이 예수를 보고 매우 기뻐하니 이는 그의 소문을 들었으므로 보고자 한 지 오래였고 또한 무엇이나 이적 행하심을 볼까 바랐던 연고러라 여러 말로 물으나 아무 말도 대답하지 아니하시니." 예수 그리스도께서는 그렇게 당신을 기다렸던 헤롯 앞에서 당신을 보호할 수 있는 말 한마디를 하실 수 있었지만, 또는 이적을 행하심으로 어려움을 모면할 수 있었지만, 철저하게 침묵으로 일관하셨습니다.

이처럼 메시아 예수는 가장 결정적일 때, 가장 중요할 때 항변하지 않으셨습니다. 어떠한 말씀도 하지 않으심으로 하나님의 구원을 온전히 이루어가셨습니다. 자신을 변호하지 않고 침묵으로 일관하셨을 뿐만 아니라, 자신의 대적자를 향해서도, 하나님 아버지를 향해서도 단 한 말씀도 하지 않으셨습니다. 형벌의 가혹함을 원망하거나 불평하는 말씀도 전혀 없으셨던 것입니다.

침묵의 비유

이사야는 7절 마지막에서 침묵하신 예수 그리스도를 두 가지로 비유하고 있습니다. 첫째는 도수장에 끌려가는 어린 양으로 비유하고, 둘째는 털 깎는 자 앞에 얌전히 서 있는 양으로 비유합니다. 이 저서의 앞부분에서 양의 여러 가지 특성에 대해 이야기를 나누었습니다. 그런데 양의 또 다른 특징은, 죽을 때를 알아도 반항하지 않는다는 것입니다. 그렇게 고집이 세고 자기 멋대로 하는 동물인데도 자기가 죽을 때는 반항하지 않는 것입니다.

우리 문화에서는 "도수장에 끌려가는 어린 양 같다"는 비유를 잘 이해하지 못할 수 있지만, 이스라엘 사람들은 유목생활을 해왔고 또한 유월절을 지속적으로 지켜왔기 때문에 어린 양의 의미를 잘 알고 있습니다. 이스라엘 사람들은 일 년에 한 번씩 어린 양을 잡아 절기를 지켰기 때문에 '도수장에 끌려가는 어린 양'이라는 표현은 친숙하면서도 의미 있게 다가왔을 것입니다. 도수장에 끌려가는 어린 양은 자신의 죽음을 알고 있어도 저항하지 않습니다. 어떠한 식으로도 반항하지 않습니다. 마치 아무것도 모르는 듯이 끌려갑니다. 그렇게 끌려가시는 분이 십자가의 죽음을 앞 둔 메시아 예수이셨습니다. 그렇기에 이사야 선지자는 유월절의 어린 양을 통해 메시아가 어떤 역할을 감당하게 되는지 그 의미를 표현하고 있는 것입니다. 유월절 어린 양이 '이스라엘의 죄'를 위해 침묵하며 그 죽음을 맞이하였다면, 메시아는 '온 인류의 죄'를 위해 대속적으로 죽을 것이며, 유월절의 양처럼 침묵으로 그 죽음을 맞을 것을 암시하고 있는 것입니다.[80]

제가 학생들과 함께 제주 열방 대학을 방문했을 때의 일입니다. 그 때 열방대학교 DTS 학교에서 학생들을 위해 유월절 행사를 재현한 적이 있었습니다. DTS 학교의 교장께서 저희 팀을 초청해 주셔서 그 행사에 참석할 수 있게 되었습니다. 저는 몸이 아파서 같이 가지 못하고 학생들만 그 행사에 참석시켰습니다. 그런데 유월절 행사에 참여하고 돌아온 학생들이 별 반응이 없는 것입니다. 저는 무엇인가 피드백을 해 줄 것을 잔뜩 기대하고 있었는데 어느 누구도 아무 말도 하지 않고 침묵하는 것입니다.

그래서 제자들에게 어떠했는지 물어 보았는데, 여전히 아무 말을 못했습니다. 사실 학생들은 그 행사에 직접 참여하고 난 후, 매우 큰 충격을 받았습니다. 유월절 행사에 쓰일 양을 데리고 오는데 정말 아무런 저항 없이 끌려오더라는 것입니다. 그리고 죽을 순간이 다가왔는데도 가만히 있더라는 것입니다. 저는 시골에서 자라서 간혹 짐승들을 도살하는 모습을 보곤 했는데, 도살할 때면 큰 소리를 내며 도망가는 모습을 많이 보았습니다. 그런데 이 어린 양은 칼을 가지고 숨통을 끊는데도 한번 푸드득 하더니 조용히 죽어가더라는 것이지요. 그 때 학생들이 충격을 받았습니다. 그 모습에서 메시아 예수의 모습을 보게 된 것입니다. 예수께서 십자가 위에서 어떻게 죽으셨는지를 깨닫게 된 것입니다. 그리고 그 자리에서 눈물을 흘릴 수밖에 없었습니다. "예수님께서 나 때문에 아무런 저항 없이 아무런 반항 없이 저렇게 죽으셨구나!" 더 이상 말이 필요 없는 것이지요. 바로 이러한 상황이 "도수장으로 끌려가는 어린 양 같다"는 말에서 해석할 수 있는 의미입니다.

저는 충격을 받은 제자들을 위해 함께 찬양을 부를 것을 제안했습니다. "어린양 찬양하리 내 평생에 그 하나로 충분해요." 그전에도 이 찬양을 수없이 불렀지만 직접 두 눈으로 보고 나니, 예수께서 십자가에서 나를 위해 어떻게 죽으셨는지를 깨닫고 나니, 진심어린 눈물로 찬양 드릴 수 있었습니다. 예수께서 나 때문에 죽었다는 것은 알고 믿었지만 그 죽음이 어떠한 것이었는지를 잘 몰랐던 것입니다. 하나님께는 순종의 표시로, 그리고 나를 향해서는 사랑의 표시로 침묵하면서 죽어 가신 것이 무엇인지를 잘 몰랐던 것입니다. 그런데 직접 눈으로 보고 경험하고 나니, 그 은혜가 가슴 깊이 새겨졌던 것입니다.

둘째 비유는, "털 깎는 자 앞에 선 양과 같다"고 비유하고 있습니다. 털 깎는 것이 아프진 않겠지만 얼마나 위험하겠습니까? 저도 뉴질랜드에서 양의 털을 깎는 것을 본 적이 있었는데 정말 얌전하게 양이 서 있었습니다. 물론 털 깎는 사람의 기술도 중요하겠지만, 만약 양이 움직인다면 털 깎는 것이 어려울 것입니다. 그런데 성경이 말하는 것은, 털 깎기 위해 얌전히 서 있는 양의 모습이, 어떤 반항도 하지 않고 가만히 서 있는 양의 모습이, 죽기 직전의 침묵하고 계신 메시아 예수의 모습이라는 것입니다.

앞에서 말씀드렸지만, 양의 털 속에는 진드기와 기생충이 살고 있기 때문에 그것이 소독되지 않으면 오래 살 수 없는 동물이 양입니다. 그래서 양에게 털을 깎는 일은 아주 중요한 일이지요. 마찬가지로 우리 역시 우리 안의 세상적인 기준과 죄 된 모습들이 많이 있기 때문에 그것이 깎여지지 않고는 온전한 하나님의 사람으로 세워질 수 없습니다. 그렇기에 긴장되고 두려운 일이지만 주인에게 온전히 나의 삶을 맡길 수밖에 없는 것이 양의 모습과 같습니다. 메시아 예수께서 그 모습의 본을 먼저 보여주신 것입니다. 쉬운 일은 아니지만 털 깎는 자를 신뢰하기 때문에 그 손길에 맡길 수 있는 것입니다.

우리에게는 이러한 메시아 예수의 모습을 닮아가는 모습이 있습니까? 내가 예수를 잘 믿고 은혜가 있을 때는 좋은 모습을 보이다가도, 내가 조금이라도 손해를 보고 내가 조금이라도 인정받지 못할 때는 그것을 다른 사람에게 다 쏟아버리고 내 할 말을 해야 편하지 않습니까? 그것이 죄 된 우리의 모습입니다. 연약한 우리의 모습입니다. 그런데 예수를 닮아가는 사람일수록 침묵합니다. 그 침묵이 사랑의 표현이고 그 침묵이 하나님을 향한 순종의 표시이기 때문입니다. 도대체 예수 그리스도를 닮아간다고 했을 때 어디까지 닮아가야 하는 것입니까? 이사야 53장 7절은 예수 그리스도께서 죽기까지 순종하시기 위해 침묵하셨던 것처럼 우리도 이러한 침묵의 모습까지 닮아 가야 한다고 이야기하고 있습니다.

7.2 침묵하신 이유와 의미

침묵하신 이유

그렇다면 메시아이신 예수 그리스도께서 자신에게 닥쳐온 고난을 이처럼 침묵으로 견뎌 나가신 이유가 어디 있습니까? 예수께서 침묵하신 이유가 무엇입니까? 첫 번째 이유는 하나님의 구원의 방법을 아셨기 때문입니다. 메시아이신 예수 그리스도는 하나님의 구원의 방법을 잘 알고 계셨습니다. 그 방법은 자신이 죽어야만 한다는 것이었습니다. 다른 변명과 이유가 없었습니다. 자신이 죽어야지만 인류 구원의 길이 열린다는 것을 잘 알고 있었기에 어떠한 모진 고난과 핍박 속에서도 입을 열어 자신을 변호하지 않기로 작정하셨던 것입니다. 예수께서는 대속의 죽음이 사람을 구속하는 방법이자 반드시 치러야 할 형벌로 삼으시려는 하나님의 지혜를 누구보다 더 잘 아셨습니다. 이미 하나님께 순종하기로 작정하셨기 때문에, 하나님의 방법에 순복하기로 작정하셨기 때문에, 더 이상 어떠한 말도 필요치 않았던 것입니다.

두 번째 이유는 하나님 아버지를 기쁘시게 해 드리기 위해서였습니다.[81] 세상은 죄로 인해 하나님과의 관계가 단절되어 아버지와 교제하지 못하였지만, 하나님 아버지께서는 당신의 형상과 모습대로 지음 받은 사람을 포기하지 않으시고 끝까지 사랑하고 그리워하셨습니다. 메시아 예수는 세상을 향한 그 아버지의 마음을 누구보다도 잘 알고 계셨습니다. 그렇기에 자신이 온전히 죽어질 수만 있다면, 자신이 화목 제물로 드려질 수만 있다면, 아버지께서 그렇게 보고 싶어 하시는 자녀들을 만날 수 있을 것이기에 기꺼이 침묵으로 죽음을 받아들이신 것입니다. 하나님이 얼마나 우리를 사랑하시는지 아십니까? 죄로 인해 우리와의 관계가 단절되었던 그 순간에도 하나님 아버지가 얼마나 아파하셨는지 아십니까? 우리는 몰라도 아들이신 메시아 예수는 아셨습니다. 그래서 자신을 이 땅에 보내셨다는 것을 아시기에, 하나님 아버지를 만족시켜 드리기 위해, 하나님 아버지를 기쁘시게 해 드리기 위해, 말없이 십자가에서 아버지의 뜻을 이루셨던 것입니다.

침묵의 의미

그렇다면 이 침묵의 의미는 무엇입니까? 첫 번째는 사람들을 향한 사랑의 표현이었습니다.[82] 많은 사람들이 사랑은 표현하는 것이라고 말합니다. 표현하는 사랑이 옳습니다. 표현되어지는 사랑이 있기에 사랑한다는 것을 알 수 있습니다. 그러나 더 심오한 사랑의 표현은 침묵일 수 있습니다. 말로 사랑을 전할 수 없을 때, 그래도 사랑한다는 것을 전달할 수 있는 마지막 단계는 침묵입니다. 최후의 순간에 침묵할 수 있었던 것은 사람을 그만큼 철저하게 사랑하고 있었다는 것입니다.[83] 이렇게 사랑할 수 있었던 이유는 사람을 너무 잘 알고 계셨기 때문입니다. 그 고난 속에 많은 사람들이 비난의 화살을 던질 것도 아셨고, 빌라도는 여론에 떠밀려서 무모하게 당신을 죽음에 넘길 것을 아셨으며, 자신을 따르던 무리들도 모두 외면할 것을 아셨습니다. 그러나 더 마음이 아픈 것은 그 고통의 순간에 사랑하는 제자들마저도 다 떠날 것을 알고 계셨다는 것입니다. 이 고난과 고통의 길이 사람들을 위한 길이었건만, 그것을 알지 못하는 죄로 가득 찬 사람들은, 모두 예수를 비난하며 떠날 것도 알고 계셨습니다. 그 모든 것이 죄 때문이라는 것을, 그 모든 것이 연약함 때문이라는 것을 너무 잘 알고 계셨기에, 그는 철저하게 침묵하실 수밖에 없었던 것입니다. 그렇기에 침묵은 사람을 향한, 죄인을 향한 최고의 사랑의 표현이었습니다.

두 번째는 하나님을 향한 순종의 표시였습니다.[84] 예수 그리스도께서 침묵하신 또 다른 의미는 주님께 전적으로 순종하겠다는 표시였습니다. 침묵하는 자는 그만큼 복종하고 있다는 표시가 될 수 있습니다. 자신이 고난을 당하고 죽는 것 외에는 죄 있는 사람을 구속할 다른 방법이 있을 수 없기 때문입니다. 철저하게 하나님의 구속의 방법을 아셨기에, 메시아 예수는 하나님의 계획에 전적으로 순종하시기로 작정하셨고, 그 방식으로 침묵을 택하신 것입니다. 당신을 통해 구원을 이루고자 하시는 하나님께 누가 되지 않기 위해서 철저하게 침묵하셨던 것입니다. 하나님의 뜻에 전적으로 순복하려는 자는 말이 필요 없습니다. 말보다 하나님의 뜻에 굴복하고자 하는 행동이 먼저인 것입니다. 그래서 메시아이신 예수 그리스도는 침묵으로써 하나님의 계획에 순복하심을 나타내신 것입니다.[85] 하나님께 이렇게 전적으로 순종해보신 적이 있습니까? 하나님을 향한 우리의 순종은 어느 단계까지 와 있다고 생각하십니까?

7.3 침묵하신 상황

곤욕을 당하고 심문을 당하신 상황

이사야는 8절에게 다음과 같이 서술합니다. "그는 곤욕과 심문을 당하고 끌려 갔으나 그 세대 중에 누가 생각하기를 그가 살아 있는 자들의 땅에서 끊어짐은 마땅히 형벌 받을 내 백성의 허물 때문이라 하였으리요." 이 구절의 내용은 메시아 예수께서 침묵하신 상황을 보여주고 있는 것입니다. 즉, '어떠한 상황에서 침묵하셨는가?' 라는 질문에 답을 줄 수 있는 내용입니다. 어떠한 상황에서 침묵하셨습니까? 예수 그리스도께서는 "곤욕을 당하고 심문을 당하는 상황"에서 침묵하셨습니다. 곤욕을 당한다는 것은 무엇을 말하는 것입니까? 곤욕을 당한다는 것은 내적으로 힘든 상황을 말하는 것입니다. 정신적인 스트레스를 받는 상황, 마음속에 분노가 올라오는, 참을 수 없는 내적인 심리 상태에서 침묵하셨다는 것입니다. 가장 어려운 상황에서 침묵하신 것입니다.

또한 "육체적으로 심문을 당하는 아픔과 고통 속"에서도 침묵하셨습니다. 이러한 상황은 가만히 내버려두어도 침묵하기 힘들지 않습니까? 살아 있는 사람이 침묵하는 것은 어려운 일입니다. 가만히 내버려만 두어도 침묵하기 힘든데, 예수께서는 비난을 당하시고, 죄가 없는데 죄 있는 것처럼 억울한 누명을 쓰시고, 은혜를 입었던 자들은 다 떠나 오히려 반대편에 서서 당신을 조롱하고 당신을 심판하고 당신을 고소하는 상황 속에서 침묵하셨습니다. 내적으로도 힘들었지만, 외적으로도 채찍에 맞고 심문을 당해 온 몸이 상처투성이인 가운데서도 그 분은 침묵하셨던 것입니다. 얼마나 아프셨을까요? 얼마나 힘드셨겠습니까? 다른 어떠한 원망이 아니라도, 아프다고 한마디 정도는 하실 수 있지 않았을까요? 소리라도 질러야 그 육체적인 아픔이 체감되지 않겠습니까? 그러나 메시아 예수는 철저히 침묵하셨습니다.

죽음을 누구도 알아주지 않는 상황

메시아 예수는 또한 어떤 상황에서 침묵하셨습니까? 8절에 보면, "그 세대 중에 누가 생각하기를 그가 살아 있는 자들의 땅에서 끊어짐은"이라는 구절이 나옵니다. '이 땅에서 끊어진다'는 표현은 죽음을 의미합니다. 즉, 이 표현은 아무도 메시아 예수의 죽음을 알아주지 않는 상황에서도 침묵 하셨다는 것을 가리킵니다. 메시아 예수는 죽기까지 침묵하셨다는 것입니다.

누군가 이렇게 말할 수 있을 것입니다. "이번까지만 참겠습니다!" 이것은 이번에는 참지만 다음부터는 참지 않겠다는 뜻이 아닙니까? 그러나 그러한 모습은 참된 그리스도인들이 취해야할 태도가 아닙니다. 기독교는 언제까지 침묵해야 하는가 하면 죽을 때까지 침묵하는 것입니다. 십자가는 한마디로 죽음입니다.

십자가는 한마디로 자기 포기입니다. 한국 교회가 힘을 잃어 가는 것은 십자가를 잃어버렸기 때문입니다. 십자가를 잃어버렸다는 것은 이타주의가 되지 않고 이기주의가 되었다는 것입니다. 예수 믿어서 나만 잘 살고, 예수 믿어서 나만 잘 되고, 예수 믿어서 내 자식만 잘 되려고 하는 신앙을 가지고 있는 것입니다. 이것이 기복주의 신앙과 무엇이 다릅니까? 샤머니즘과 무엇이 다릅니까? 물론, 주님은 먼저 나를 회복시키기 원하십니다. 나에게 복을 주시기 원하십니다. 그러나 거기에 초점을 맞춰서는 안 됩니다. 신앙의 궁극적인 목적은 내가 복 받기 위해서 믿는 것이 아니라, 예수 그리스도를 닮기 위해서 믿는 것입니다. 메시아 예수처럼 십자가를 지는 모습까지 닮아 가는 것입니다. 내가 먼저 희생하고, 내가 먼저 포기하고, 내가 먼저 모든 것을 내려놓고 예수를 닮아 십자가를 지려는 사람이 없는 한 기독교는 살아날 수 없습니다.

  죽음이 없는데 어떻게 부활의 영광이 있을 수 있습니까?[86] 부활은 죽기로 작정한 사람, 실제로 십자가에서 죽은 사람에게 따라오는 것입니다. 부활의 영광은 죽어야지만 누릴 수 있는 것입니다. 저의 스승이 한탄하시면서 말씀하셨던 것이 있습니다. 오늘날 한국 교회 신자들은 십자가를 지고 다니지 않고 십자가를 타고 다닌다는 것입니다. 소설에 나오는 해리포터도 아니고, 십자가를 타고 다닌다는 말이 무슨 뜻입니까? 그것은 십자가에서 죽으려고 하지 않고 십자가 때문에 덕만 보려고 한다는 것입니다. 십자가의 능력만을 추구한다는 것입니다. 십자가에 능력이 있지요. 그러나 십자가의 능력은 언제 나타나는 것입니까? 죽을 때 나타나는 것입니다. 죽음이 없이는 부활의 영광이 나타나지 않는 것입니다. 예수께서는 한 번만 침묵하신 것이 아니고, 산 자의 땅에서 끊어질 때까지 침묵하셨습니다.

누명을 쓴 상황

셋째, 메시아 예수는 누명을 쓴 상황에서도 침묵하셨습니다. 8절 마지막을 보니 "마땅히 형벌 받을 내 백성의 허물 때문이라 하였으리요"라고 기록하고 있습니다. 실은, 마땅히 형벌 받아야 할 백성들을 대신해서 죽으신 것인데, 어느 누구도 백성의 허물 때문이라고 생각하지 않는 상황에서 침묵하셨던 것입니다. 이러한 상황은, 어떤 사람도 알아주지 않는 상황이기에 입을 열지 않으면 세상 사람들이 생각하는 대로 굳어질 수 있습니다. 그대로 아무 말도 하지 않으면 세상 사람들은 백성들의 허물 때문이 아니라, 예수께서 죄가 있어서 형벌 받는다고 끝까지 믿게 될 것입니다. 그런데 그런 상황에서도 자신을 변호하기 위해 "나는 너희들을 위해 죽는 거야!"라고 한 말씀도 하지 않으시고 침묵하셨다는 것입니다. 이것이 온전한 침묵입니다. 다른 사람들이 모두 오해하는 가운데 아무도 변명해 주지 않는 상황 속에서 침묵한다는 것은 얼마나 어려운 일입니까? 그러나 메시아 예수는 그러한 상황에서도 단 한마디 자신을 변호하지 않으셨습니다. 왜냐하면 "내 백성"이기 때문입니다. 성경은 마땅히 형벌을 받을 죄인을 '내 백성'이라고 기록하고 있습니다. 하나님의 뜻대로 살고 하나님의 뜻대로 행한 사람만이 아니라 마땅히 형벌 받을 사람들도 '내 백성'이라고 여기시는 것입니다. 이것이 하나님의 마음입니다. 그렇기에 예수 그리스도께서는 하나님의 백성을 위해 끝까지 침묵하시며 십자가 위에서 대신 죽어주신 것입니다. 이 침묵의 의미가 옳다면, 하나님을 기쁘시게 해 드리는 것이 된다면, 입을 열지 않아도 그 진실 된 마음이 전해질 것이기 때문입니다. 그렇기에 오늘날 우리가 그 침묵을 묵상하고 있는 것이 아니겠습니까?

메시아 예수의 고난에 동참한다는 것은 무엇을 의미하는 것입니까? 8절 말씀에 비추어 보면, 예수 그리스도께서는 육체적인 고통과 정신적인 고통도 침묵으로 받아 들이셨고, 죽음도 침묵으로 받아 들이셨으며, 철저하게 오해를 받은 순간도 침묵으로 받아 들이셨습니다. 이와 같이, 우리도 어떠한 고난에도 침묵으로 동참할 수 있어야 할 것입니다. 기꺼이 십자가를 지고 예수 그리스도를 따라가야 할 것입니다.

7.4 침묵하신 방법과 결과

침묵하신 방법

마지막 9절은 침묵의 방법과 결과를 보여 주고 있습니다. "그는 강포를 행하지 아니하였고 그의 입에 거짓이 없었으나 그의 무덤이 악인들과 함께 있었으며 그가 죽은 후에 부자와 함께 있었도다." 사실 침묵의 방법이라는 것이 좀 이상하다고 생각할 수 있습니다. 침묵이란 그냥 말을 하지 않는 것을 가리키기 때문입니다. 그런데 9절에서 보니 "강포를 행하지 않으셨다"고 이야기 하고 있습니다. 침묵이라는 것은 말만 하지 않는 것이 아니라, 어떤 행동도 하지 않는 것을 의미합니다. 예수 그리스도께서 강포를 행하지 않으셨다는 것은 말만 침묵하신 것이 아니라 어떠한 행동으로도 표현하지 않고 침묵하셨다는 것을 의미하는 것입니다. 일반적으로 사람들은 말은 하지 않아도 표정에서 모든 것이 드러날 수 있습니다. 말은 하지 않는데 온 몸으로 억울하다고 표현할 수 있는 것입니다. 그것은 진정한 침묵이 아닙니다. 예수 그리스도는 강포를 행하지 않음으로 진정한 침묵의 모습을 보여 주신 것입니다. 이것이 예수 그리스도의 침묵의 방법이었습니다.

또 하나 예수 그리스도께서 침묵하신 방법이 있습니다. 예수께서 침묵하셨다고 해서 아무 말도 하지 않으신 것은 아닙니다.

성경을 보면 예수께서 몇 마디 말씀하시는 장면이 나옵니다. 그러나 그들이 원하는 대답은 하지 않으셨습니다. 그래서 9절에서는 "그의 입에 거짓이 없었으나"라고 기록하고 있습니다. 거짓을 말하지 않았다는 것이 예수 그리스도께서 보여주신 또 다른 침묵의 방법이었다는 것입니다. 거짓을 말하는 사람일수록 말이 많을 수 있습니다. 자기의 상황을 합리화하기 위해 여러 가지 말로 자신을 꾸밀 수 있는 것입니다. 그러나 정직한 사람일수록 말수가 적은 것을 볼 수 있습니다. 진실을 말하고 있기 때문에 덧붙일 것이 없는 것입니다. 예수께서 침묵하셨다고 말 못하는 사람처럼 아무 소리도 못한 것이 아니라, 몇 마디 대답할 수는 있지만 자기를 변호하기 위한 어떠한 말도 하지 않으셨다는 것입니다. 당신의 이익을 위해서는, 당신의 유익을 위해서는 거짓을 말하지도 않았고, 당신을 드러내기 위해 어떠한 강포도 행하지 않았다는 것입니다.[87]

침묵하신 결과

그렇게 죽기까지 복종하셨을 때, 침묵하시며 죽게 되셨을 때 반전이 일어났습니다. 9절 하반 절에 놀라운 반전이 나오고 있습니다. "그의 무덤이 악인들과 함께 있었으며 그가 죽은 후에 부자와 함께 있었도다"라는 구절에서 그 반전을 찾아볼 수 있습니다. 참 놀라운 사실입니다. 말 한마디 하지 않고 죽으면 모든 진실이 다 묻혀 질 것 같았습니다. 예수 그리스도의 죽음이 헛될 것 같았습니다. 그래서 무엇인가 한 마디라도 던져야 할 것 같고, 무엇인가 한 마디라도 항변해야 할 것 같은데, 메시아 예수는 어떤 말씀도 하지 않으셨습니다. 예수는 철저하게 강포를 행하지 않고 거짓을 말하지 않으셨습니다. 그렇게 죽으셨을 때 반전이 일어난 것입니다.

사람들은 죽은 예수를 악인과 같이 두었지만, 하나님은 메시아 예수를 부자의 무덤으로 옮기신 것입니다. 이것은 상징입니다. 예수 그리스도께서 죽기까지 순종하시자, 하나님이 그를 높이시기 시작하셨다는 것입니다. 우리가 성경을 통해서 알다시피, 예수께서 십자가에서 죽으시고 아리마대 요셉이라는 공의회 의원이 총독을 찾아가서 예수의 시신을 달라고 합니다. 예수를 죽인 자들은 강도들과 함께 예수의 시신을 방치해 두었지만, 그 다음 날이 안식일이기에 예수께서 죽은 것을 확인하고는 아리마대 요셉에게 넘겨줍니다. 아리마대 요셉은 부자였기 때문에 자신의 무덤에 예수 그리스도의 시신을 장사하였습니다.

이미 죽었는데, 부자의 무덤에 안치되었다는 것이 무슨 의미가 있겠습니까? 그러나 여기서 말하고자 하는 것은 마지막에 장례만은 화려하게 치렀다는 것을 보여주고자 하는 것이 아니라, 상황이 반전되었다는 것을 보여주는 것입니다. 죽으면 모든 것이 묻혀 질 것 같았는데, 죽으면 모든 것이 끝날 것 같았는데, 죽으면 허무하게 사라질 것 같았는데, 하나님께서 그를 높이기 시작하신 것입니다. 하나님을 기쁘시게 해 드리기 위해, 세상을 구원하기 위해 아무런 말없이 죽었을 때, 하나님은 예수 그리스도를 높이기 시작하셨던 것입니다. 모든 소망이 사라진 그 곳에서, 모든 노력이 실패한 그 곳에서, 모든 것이 끝났다고 생각하는 그 곳에서부터, 하나님은 새롭게 시작하시는 것입니다. 이것이 십자가에서 죽기까지 순종하는 자에게 주시는 하나님의 영광입니다. 죽어야 살 수 있습니다. 죽는 것이 살아나는 방법입니다.

지속적으로 북한 선교를 하는 모퉁이돌 선교회의 이삭 목사의 간증이 "북한 할아버지의 이야기"라는 타이틀로 동영상으로 만들어져 인터넷에 올라와 있습니다. 교단의 한 목사님께서 그 동영상을 저에게 보내주셨습니다. 그리고 문자도 보내 주셨습니다. "하 목사, 나는 이 영상을 보고 많이 울었어. 그리고 내가 진짜 신앙인지 다시 한 번 생각해 보게 되었네. 하 목사에게도 도움이 되었으면 하네." 저도 이 동영상을 보고 많이 울었습니다. 이 동영상은 마치 도살당할 양들처럼 죽음을 당할 것을 알고도 주님께 순종한 북한 성도들의 이야기로서 1995년 북-중 국경의 한 중국 도시에서 벌어진 실화입니다.

어느 날 이삭 목사에게 전화 한통이 왔습니다. 북한 성도들의 탈출을 도와달라는 전화였습니다. 이삭 목사는 북한의 성도들을 만나기 위해 점심 약속을 잡아 놓고 약속한 장소로 나갔습니다. 네 분의 어르신이 나와 계셨는데 제일 나이 많으신 분이 일흔 아홉이셨습니다. 이삭 목사가 그 어르신께 처음 질문한 것이 "왜 나오려고 하세요?"라는 한 마디였습니다. 그런데 뜻밖에도 그 어르신의 대답이 "찬송 한번 마음 놓고 불러보고 싶어서"라는 것이었습니다. 이삭 목사는 더 이야기 할 것 없이 "알겠습니다. 제가 도와드릴게요. 언제 나오길 원하세요?"라고 물었더니 "빠를수록 좋소!"라는 대답이 돌아왔습니다. 그래서 이삭 목사가 몇 명이나 되시냐고 물었더니 아이까지 65명이라는 것이었습니다. 정보가 들어왔는데 그들 모두 잡혀서 수용소로 끌려가게 되었다는 것입니다. 이삭 목사가 도와드리겠다고 말씀드렸더니 그 어르신께서 "잠깐만!"이라고 외치시고는 "내가 나가서 하나님께 직접 물어보고 결정하면 안 돼?"라고 물으시더라는 것입니다. 이삭 목사는 기도하는 것을 막을 수가 없어서 어르신께서 기도하고 돌아오시기를 기다렸습니다. 그 어르신께서는 밖에 나가 약 10분 정도 있다가 들어오시는데 발을 땅에 끌면서 돌아오셨습니다. 이삭 목사는 그 어르신에게 왜 그러시냐고 물었더니, 그 어르신은 다음과 같이 하나님과 나눈 대화를 말해 주었습니다. "나가서 물었어. 하나님 미국에서 온 이삭 목사라는 분이 우리를 도와주겠다고 하는데 따라갈까요?" 그랬더니 "내가 능력이 없어서 너희들을 북한 땅에 남겨 둔 줄 아냐?" 그 응답을 듣고서 그 어르신은, "그럼, 우리가 매 맞는 것도 하나님 뜻 이예요?" "물론이지!" "그럼 우리가 굶는 것도 하나님 뜻이에요?" "물론이지!" "우리 잡혀서 수용소로 끌려간다고 해서 그러는 거 아니에요? 하나님!" "몰라서 묻냐?" 하나님의 마지막 이 말 한마디에 그 어르신은 "네, 하나님!"하고 답을 한 뒤 돌아오셨다는 것입니다. 지금 죽더라도 하나님께서 허락하지 않으시니 함께 못나가겠다는 것입니다.

할 수 없이 이삭 목사가 헤어지기 전에 인사하려고 그 어르신을 끌어안으려고 하는데, 그 분들은 포옹하는 것이 익숙하지 않으셔서 서로 멋쩍어하고 있다가, 고개를 숙이고 내려다보는데 그 어르신이 신고 온 신발에 구멍이 뚫려 발가락이 보이더라는 것입니다. 그래서 이삭 목사가 그 발가락에 입술을 대고 키스를 하고 우는데, 이삭 목사의 목으로 무엇인가 떨어졌습니다. 그 어르신도 울고 계셨던 것입니다. 이삭 목사가 헤어지면서 "안녕히 계세요"라고 인사를 드렸더니 "무슨 인사가 그러냐? 천국에서 만나자고 그래라!"라고 하셔서 "천국에서 만나요!"라고 인사하고 돌아서는데 그 분의 음성이 뒤에서 들립니다. "누가 우리를 그리스도의 사랑에서 끊으리요…" 지금 이삭목사와 함께 나가야 살 수 있는데, 지금 나가지 않으면 수용소로 끌려가 죽을 수도 있는데, 그 어르신은 로마서 8장 31절의 말씀을 암송하시면서 그 자리를 떠나시더라는 것입니다. 몇 년 후에 이삭 목사님이 그 곳을 다시 갔을 때, 이삭 목사를 태워주었던 택시 운전사를 다시 만나게 되었습니다. 그 택시 운전사는 이삭 목사를 알아보며, 눈물을 흘리는 것이었습니다. 이삭 목사가 만난 어르신은 그 후 수용소로 끌려갔는데, 끌려간 모든 사람들이 병들고 굶고 매 맞아서 죽었다는 것입니다. 한 사람도 남지 않고 모두 죽었다는 것입니다. 이삭 목사는 그 동영상의 마지막에서 "이런 믿음을 지킨 사람들, 찬송 한 번 마음대로 불러보고 싶다던 그 사람들을 우리는 과연 어떻게 해드려야 하는 것인가? 우리는 무엇을 할 수 있을까?"라고 질문하면서 마무리하였습니다.

이 동영상을 보면서 마음에 크게 와 닿았던 것이 두 가지가 있었습니다. 첫 번째는 그 북한 어르신이 신앙의 거장이라고 느낄 수 있었다는 것입니다. 왜냐하면 탈출하지 않으면 죽는 급박한 상황에서도 하나님의 뜻을 묻기 위하여 기도하러 가는 장면 때문이었습니다. 저도 제자훈련을 받으면서 선택의 문제에서 내 뜻대로 결정하는 것이 아니라 하나님께 먼저 물어 봐야 하는 것을 강하게 훈련 받았습니다. 그런데 이런 상황에서도 하나님께 먼저 물어볼 수 있을 것인가 생각해 보았을 때 참 쉽지 않은 일이라는 생각이 들었습니다. 도와주겠다는 사람이 나타났을 때 그 사람을 따라서 빨리 나가 살아남는 것이 하나님의 뜻이라고 할 수 있지 않겠습니까? 그런데 그 상황에서도 그 어르신은 먼저 하나님께 물어보았던 것입니다. 하나님께서 능력이 없어서 북한에 두는 것이 아니라는 응답을 듣고 사람이기에 몇 마디 더 하나님께 되묻기는 했지만, 곧 하나님의 뜻이 분명하시니 하나님의 뜻에 순복하는 것을 보면서 대단한 신앙의 거장이라고 생각하게 되었던 것입니다.

두 번째 마음에 와 닿았던 것은 천국에서 만나자는 인사였습니다. 이 땅은 나그네처럼 왔다 가는 것이기에 천국에서 만나자는 것이 그리스도인들에게는 진정한 인사가 될 수 있을 것입니다. 결국 그렇게 남은 북한 성도들은 다 죽었습니다. 이것이 하나님의 뜻인지 아닌지는 신학적인 논쟁이 될 수 있고, 꼭 그렇게 해야만 하느냐고 묻는다면 그 또한 논쟁이 될 수 있을 것입니다. 그러나 그 분들의 신앙을 있는 그대로 바라보면, 그들이 지금까지 신앙생활을 해 왔던 자신들의 신앙을 지키면서, 하나님께 받은 확신을 지키면서, 말없이 끌려가신 예수 그리스도처럼 목숨까지 내어 놓고 그들의 믿음을 지켰다고 하는 것이 얼마나 도전이 되는지 모르겠습니다. 이 분들을 생각하면서 우리가 예수 그리스도를 닮아 죽기까지 침묵한다고 할 때, 예수 그리스도를 닮아 죽기까지 이 길을 걸어간다고 할 때, 어느 정도까지 침묵해야 하는지, 어디까지 걸어가야 하는지 깊이 생각해 볼 수 있을 것입니다.

찬송가의 가사가 떠오릅니다. "내 주를 가까이 하게 함은"이라는 찬송입니다. 이 찬양의 가사를 묵상하다 보니 이 찬양의 가사 자체가 침묵하며 예수 그리스도께 나가는 방법이라는 생각이 들었습니다.

> 내 주를 가까이 하게 함은 십자가 짐 같은 고생이나
> 내 일생 소원은 늘 찬송하면서 주께 더 나가기 원합니다

내 평생의 소원이 주님께로 더 가까이 나가는 것인데, 그 과정 속에 십자가를 지는 것과 같은 짐들이 많이 있지 않습니까? 그

런데 그 짐 때문에 불평하지 않고 늘 찬송하면서 주께 더 가까이 나가는 것이 내 평생의 소원이라는 고백이 죽기까지 침묵하신 예수 그리스도의 고백과 같다는 생각이 들었습니다. 불평하지 않고 늘 찬송하면서 십자가 앞으로 더 가까이 나가는 것이 우리의 소원이 되어야 할 것입니다. 원망하지 않고 늘 찬송하면서 죽기까지 침묵하신 예수를 닮아가야 할 것입니다.

성경의 위인들도 그렇게 살았습니다. 창세기 12장에 보면, 아브라함에게 어느 날 하나님이 나타나셔서 친척과 본토와 아비 집을 떠나라고 하셨습니다. 아브라함은 그 때부터 광야에서 침묵을 배웁니다. 또 야곱이 떠올랐습니다. 장자권을 속여 빼앗았기에 집에서 쫓겨나 철저하게 침묵을 훈련 받습니다 이 찬송도 외삼촌의 집으로 도망가는 도중에 벧엘에서 하나님을 만난 야곱의 경험을 바탕으로 쓰여 진 가사가 아닙니까? 그리고 요셉이 생각났습니다. 자기가 꾼 꿈 때문에 13년 동안이나 철저하게 밑바닥에서 노예와 종으로 살면서 침묵을 훈련받았습니다. 모세도 그렇습니다. 궁전의 호화로운 생활을 다 포기하고 스스로 광야로 들어가 40년 동안 세상과 단절하며 침묵을 훈련받았던 사람이 모세입니다. 침묵의 훈련 없이 하나님의 사람이 된 사람들이 있습니까? 신앙의 거장이 된 사람들이 있습니까? 혹시 지금 자신의 삶이 광야의 한 복판이라고 여겨지신다면 힘들다고만 생각하지 말고 이러한 신앙의 거장들의 반열에 세우시기 위해 하나님께서 침묵의 훈련을 시키는 시간이라고 생각할 수 있기를 바랍니다. 이사야 53장 7-9절의 말씀을 기초로 그렇게 생각해 볼 수 있을 것입니다.

> 천성에 가는 길 험하여도 생명 길 되나니 은혜로다
> 천사 날 부르니 늘 찬송하면서 주께 더 나가기 원합니다

기독교의 본질이 아닌 것을 가지고 그것이 본질인 것처럼 오해하지 마시기 바랍니다. 은사나 능력보다 더 중요한 본질은 십자가입니다. 예수 그리스도를 닮아가는 것입니다. 죽기까지 침묵하신 예수 그리스도를 닮아가며 주님께서 오라고 하시는 그 날까지 저 천성을 향해, 세상을 바라보면서는 침묵하고, 하나님을 바라보면서는 찬양하며 달려가는 그리스도인들이 되어야 합니다.

예수를 닮기 위하여

우리가 이상의 메시아 예수의 모습을 배워 가면서, 그냥 지식적으로 아는 것에서 그치지 말고 그 모습을 닮아갈 수 있어야 합니다. 예수를 닮아간다는 것이 말처럼 쉬운 일은 아닌 것 같습니다. 그러나 배운 대로 살아가야한다면, 예수님을 닮아야 합니다. 나를 대신해서 십자가에서 죽으신 메시아 예수를 생각한다면, 우리는 더 이상 나 자신을 위해 살 수는 없을 것입니다. 나도 다른 사람을 위해 고난 받을 수 있어야 하고, 나도 다른 사람을 위

해 희생할 수 있어야 할 것입니다. 나도 다른 사람을 위해 나의 것을 내어줄 수 있어야 할 것입니다. 이러한 모습까지 닮아갈 수 있어야 그리스도의 장성한 분량까지 성장했다고 할 수 있을 것입니다. 그래서 예수를 믿고 예수를 닮아갈수록 예수님처럼 다른 사람을 사랑하고 위하게 됩니다. 이타적이 되어 가는 것이지요. 이렇게 보자면, 예수 믿어서 남 주어야 된다는 말이 옳은 것 같습니다. 한 사람의 신앙의 정도, 성숙의 척도는 그 사람이 예수를 얼마나 닮아가고 있는가에 의해 좌우됩니다.

이렇게 예수를 닮아가는 사람들이 많아질수록 공동체가 건강해 집니다. 교회 안에 얼마나 예수 닮은 사람들이 많은가에 따라 교회 공동체가 건강해 지는 것입니다. 그런데 참 민망한 사실이 있습니다. 예수를 믿지 않는 사람들 중에는 신앙을 가진 그리스도인들보다도 더 이타적인 사람들이 있다는 것입니다. 불교나 다른 신앙을 가진 사람들 중에도 기독교인들보다 더 이타적인 사람들이 많다는 것입니다. 오히려 예수를 믿고 예수를 닮아 간다고 하면서도 그들보다 더 이기적인 모습을 볼 때가 있습니다. 그렇기에 우리는 메시아 예수의 모습을 보면서 더 엎드려져야 합니다. 죽기까지 침묵하신 메시아를 보면서 그 침묵을 배워야 합니다. 나를 위해 자신의 몸을 희생해 주신 그리스도처럼, 나를 살리기 위해 자신의 목숨을 내어주신 그리스도처럼, 우리도 다른 사람을 위해 희생할 줄 알아야 할 것입니다. 그리고 이것이 우리의 목표가 되어야 합니다.

7장 "침묵의 메시아 예수"를 마치며...
메시아 예수를 깊이 알기 위한 질문들

1. 이사야 선지자는 메시아 예수의 침묵을 어떻게 비유하여 설명하고 있습니까?

2. 메시아 예수께서 죽음 앞에서 침묵하신 이유를 기술하세요.
1)
2)

3. 메시아 예수께서 죽음 앞에서 침묵하신 의미는 무엇입니까?
1)
2)

4. 메시아 예수는 죽음의 어떠한 상황에서 침묵하셨습니까?
1)
2)
3)

5. 메시아 예수의 침묵의 방법을 기술해 보세요.
1)
2)

6. 메시아 예수께서 침묵하신 결과를 성경에 나와 있는 대로 설명해 보세요.

8장

부활하신 메시아 예수
(53:10-12)

"여호와께서 그에게 상함을 받게 하시기를 원하사 질고를
당하게 하셨은즉 그의 영혼을 속건제물로 드리기에 이르면
그가 씨를 보게 되며 그의 날은 길 것이요 또 그의 손으로
여호와께서 기뻐하시는 뜻을 성취하리로다 그가 자기 영혼의
수고한 것을 보고 만족하게 여길 것이라 나의 의로운 종이
자기 지식으로 많은 사람을 의롭게 하며 또 그들의 죄악을
친히 담당하리로다 그러므로 내가 그에게 존귀한 자와 함께
몫을 받게 하며 강한 자와 함께 탈취한 것을 나누게 하리니
이는 그가 자기 영혼을 버려 사망에 이르게 하며 범죄자 중
하나로 헤아림을 받았음이니라 그러나 그가 많은 사람의 죄를
담당하며 범죄자를 위하여 기도하였느니라"

(사 53:10-12)

8장

부활하신 메시아 예수(53:10-12)

    기독교의 역설이 있습니다. 기독교의 역설은 죽어야 산다는 것입니다. 이 세상의 어떤 종교도 죽으면 끝이지만, 죽으면 새로운 시작의 길이 열리는 종교는 기독교 밖에 없습니다. 왜냐하면 예수께서 직접 죽으시고 부활하심으로 그를 따르는 모든 사람들의 모델이 되셨기 때문입니다. 예수 믿는 사람들에게 종종 질문을 던져 봅니다. 먼저 저에게 던진 질문이었는데 다른 사람들은 어떻게 생각하는지 궁금해서 다른 사람에게도 질문하게 되었습니다. 그것은 "예수님의 부활이 왜 기쁘십니까?"라는 질문이었습니다. 그런데 이 질문에 당황하시는 분이 많았습니다. 한참 고민을 하던 한 사람은 이렇게 대답하기도 했습니다. "부활하셨으니까요!" 단지 다시 살아나셨기 때문에 기쁘다는 것입니다. 이러한 모습은 부활의 의미를 피상적으로만 알고 있지 실제 우리의 삶과는 연결시키지 못하고 있다는 반증이 아닐까 생각하게 됩니다.

이사야 53장 10-12절에 의하면, 예수 그리스도의 부활이 기쁜 이유는 두 가지를 완성하셨기 때문입니다. 첫 번째, 예수 그리스도의 부활은 우리의 구원을 완성하였기 때문입니다. 메시아 예수는 십자가에서 부활하심으로 우리의 구원이 완성되었다는 것을 가르쳐 주고 확증하고 계십니다. 두 번째, 예수 그리스도의 부활이 기쁜 이유는 우리를 죄 짓게 만들고 우리를 타락하게 만들었던 사단의 세력과 직접 싸워서 이기셨기 때문입니다.[88] 이제 예수 그리스도를 온전히 쫓아가기만 하면 더 이상 사단에게 끌려 다니지 않을 수 있게 된 것입니다. 사단의 최고의 무기인 죽음이 더 이상 우리를 지배할 수 없게 되었다는 것입니다.

8.1 부활한 통한 구원의 완성(1) – 완성의 과정

속건제를 지불하심으로

10절의 내용에서는 다음의 네 가지 단어를 주목해서 보아야 합니다. '속건제', '씨앗', '날이 김', '여호와의 뜻의 성취'라는 이 네 단어가 10절의 전체 내용을 대변하고 있습니다. 이사야 선지자는 10절에서 메시아 예수의 죽음을 속건제로 표현하고 있습니다. 4-6절에서는 메시아의 죽음이 속죄제로서 강조되었습니다.

그러나 10절에서는 속건제로 강조되고 있는 것입니다. 무슨 차이가 있을까요?

그 차이를 알려면 먼저 구약의 제사제도를 알아야 합니다. 레위기 1-6장에서는 구약의 제사제도에 대해 설명하고 있는데, 제사제도에는 번제, 소제, 화목제, 속죄제, 속건제가 있습니다.[89] 번제는 모든 제사의 기본으로서 모든 것을 다 태워서 드리는 헌신의 의미가 담겨져 있습니다. 소제는 곡식을 갈아서 드리는 것으로 나의 모난 부분들을 다듬어 고운 가루처럼 만들겠다는 의미가 담겨져 있습니다. 화목제라는 것은 하나님과 사람들을 화목하게 하기 위해 드려지는 제사입니다. 속죄제는 죄의 근본, 죄의 뿌리를 용서 받기 위해 드려지는 제사였고, 속건제는 날마다 짓는 자범죄에서 용서 받기 위해 드려지는 제사였습니다. 그런데 속죄제와 속건제의 또 다른 차이가 있는데, 속건제에는 배상이 따른다는 것입니다.[90] 만약 사과를 한 상자 훔쳤다고 한다면 그 죄를 용서 받기 위해서 속건제를 드려야 하는데, 하나님께 제물을 드리는 것에서 끝나지 않고 훔친 사과의 1/5를 배상해 주어야 제사가 마무리 되는 것입니다. 3-6절에서 예수 그리스도께서 죄의 뿌리를 해결하기 위한 속죄의 제물로 표현한 것이었다면, 10절에서는 죄의 뿌리를 해결할 뿐만 아니라 날마다 짓는 죄에서도 해방되는 것을 강조하기 위해 예수 그리스도를 속건의 제물로 표현하고 있는 것입니다. 물론 3-6절에서도 속건제의 의미가 담겨 있기도 합니다. 그러나 10절에서는 예수님의 죽음이 속건제로 드려지는 것을 더 강조하면서 그것이 죄에 대한 배상임을 이야기합니다. "여호와께서 그에게 상함을 받게 하시기를 원하사 질고를 당하게 하셨은즉"의 말씀에서, 몸이 상하고 질고를 당하신 것은 속건제의 배상을 표현하는 것입니다. 예수 그리스도께서 죽기까지 몸이 상하고 질고를 당하심으로 우리의 죄에 대한 배상을 하셨다는 것이지요. 그래서 10절에서는, 메시아 예수의 죽음이 속죄제 일뿐만 아니라, 속건제이기에 우리의 자범죄와 죄의 뿌리까지 모두 해결하시게 되었다는 것을 이야기하고 있습니다.

씨앗이 되심으로

이렇게 메시아 예수는 자신이 십자가에서 죽음으로써 하나님께 속죄제와 속건제로서 드려져 죄의 모든 문제를 해결하게 되었으며, 그때 "씨를 보게 되었다"고 말합니다. '씨'라는 표현은 히브리어 원어로는 '후손'이라는 의미를 가지고 있습니다.[91] 어떤 후손입니까? 예수께서 죽으심으로 말미암아, 예수의 죽음 때문에 죄 사함을 받고 생명의 출발을 한 씨앗들이라는 것입니다. 죽으면 모든 것이 끝날 줄 알았는데, 그 분이 온전히 죽으심으로 말미암아 오히려 반전이 일어났습니다. 그 반전은 '후손'을 보는 것입니다. 메시아이신 예수 그리스도께서 최초의 씨앗이 되셔서 죽어 주셨기에 그 죽음으로 또 다른 씨앗을 볼 수 있게 된 것입니다.[92] "예수께서 대답하여 가라사대 인자의 영광을 얻을 때가 왔도다. 내가 진실로 진실로 너희에게 이르노니 한 알의 밀이 땅에 떨어져 죽지 아니하면 한 알 그대로 있고 죽으면 많은 열매를 맺느니라"(요 12:23-24)고 말씀하셨습니다. 그런데 열매라고 하지 않고 '씨'라고 하는 것은 가능성을 강조한 말입니다. 무한한 가능성을 가진 씨앗이라는 것입니다. 하나의 씨가 심어지면 많은 열매를 맺을 수 있기 때문입니다.[93] 열매는 결과에 강조점이 있지만 씨는 잠재력에 강조점이 있는 것입니다. 무궁무진한 열매를 맺을 수 있다는 것입니다.

그러므로 그리스도의 구속으로 죄 사함을 받은 우리들은 모두 메시아 예수의 속건으로 생겨난 하나의 '씨앗'입니다. 그러나 여기서 중요한 것은 씨앗은 반드시 땅에 떨어져 죽어야 열매를 맺을 수 있다는 것입니다. 죽지 않으면 그 씨앗은 잠재력을 가진 채로만 살아가게 되는 것입니다. 열매는 맺지 못하고 잠재력을 가진 존재로만 살아가는 것입니다. 씨앗으로 남아 있을 것인가, 열매를 맺을 것인가는 예수 그리스도를 따라 죽을 것인가 아니면 그대로 씨앗으로 남아 있을 것인가에 달려 있습니다. 그래서 어떤 사람은 무한한 가능성을 가진 씨앗으로만 남아 있는 사람이 있는가 하면, 어떤 사람은 예수 그리스도처럼 한 알의 밀알이 되어 수많은 영적인 열매를 맺게 되는 것입니다.

하나님의 백성을 의롭게 함으로

잠시 11절로 넘어가 내용을 살펴보면, "그가 자기 영혼의 수고한 것을 보고 만족하게 여길 것이라 나의 의로운 종이 자기 지식으로 많은 사람을 의롭게 하며 또 그들의 죄악을 친히 담당하리로다"라고 이야기하고 있습니다. 10절에서 예수 그리스도께서 자신을 속건 제물로 드려 씨앗을 보게 하시고 그 씨앗으로 후손들이 이어지는 것을 통해 여호와의 뜻을 성취하심으로 구원을 완성하셨다는 것을 보여주고 있다면, 11절에서는 구원 받은 사람들을 의롭게 하심으로 구원을 완성하고 계심을 보여주고 있습니다. 다시 말하자면, 예수 그리스도의 부활로 우리의 구원이 완성되었는데, 그 과정을 설명하자면, 예수 그리스도께서 속죄제와 속건제로 십자가에서 죽으심으로 말미암아 씨앗을 보게 하시고, 그 씨앗이 심겨져 후손들이 영원히 이어지면서 구원을 위한 하나님의 뜻이 성취되며, 구원 받은 자들 역시 이 땅을 살아가면서 메시아 예수를 통하여 온전히 의롭게 됨을 통해 구원이 완성된다는 것입니다. 그렇기에 메시아 예수는 지금도 구원 받은 사람들을 의롭게 하고 계신 것입니다.

여기서 '의'는 무엇을 의미하는 단어입니까? '의'라는 것은 하나님과의 올바른 관계를 말하는 것입니다. 예수를 믿어 하나님의 백성이 되었어도, 내 안에서 죄의 문제가 온전히 해결되지 않는 한 하나님과의 관계가 온전하게 정립될 수 없습니다. 예수 믿고 구원 받아도, 내 안의 연약함과 죄의 뿌리 때문에 넘어지고, 죄를 지을 수 있다는 것입니다. 그렇기 때문에 날마다 예수 그리스도 앞에 나아가 죄의 문제를 해결해야 합니다. 이미 십자가에서 속죄 제물과 속건 제물로 죄의 문제를 완전히 해결하신 메시아 예수 앞으로 나갈 때, 예수께서는 우리의 죄를 씻어주시며 하나님과의 관계를 새롭게 하심으로 우리를 의롭게 해 주시는 것입니다. 하나님과의 관계가 온전하게 정립되지 않으면 하나님이 나를 찾아오실 수 없고, 나를 다스려 가실 수 없습니다. 하나님과의 관계가 올바르게 정립되어 있지 않으면 나름대로 종교적인 의무는 감당한다고 하더라도 형식만 남을 수 있습니다. 하나님의 은혜를 누리지 못하고 우리의 심령이 메말라 갈 수 있는 것입니다. 하나님이 나를 찾아오시는 것, 하나님이 나를 다스려 가시는 것이 우리에게는 힘과 능력이 되는 것입니다. 예수 그리스도께서도 이것을 잘 알고 계시기에 지금도 범죄한 많은 사람들을 의롭게 하시는 것입니다. 구원받았을 때 의롭게 하신 사건을 완성시켜 가시는 것입니다.[94]

그런데 11절에서는 우리를 의롭게 하신 방법을 소개하고 있는데, 그것은 "나의 의로운 종이 자기 지식으로 많은 사람을 의롭게 한다"는 것입니다. 예수 그리스도는 자신의 지식, 즉 우리를 사랑하시는 하나님의 사랑과 그 사랑을 표현한 지식으로 우리를 의롭게 하십니다.[95] 이 지식은 예수 그리스도께서 공생애 기간 동안 백성을 가르치신 사역과 관련된 것입니다. "예수께서 모든 도시와 마을에 두루 다니사 그들의 회당에서 가르치시며 천국 복음을 전파하시며 모든 병과 모든 약한 것을 고치시니라(마 9:35)"고 성경은 증언하고 있습니다. 그리고 십자가를 지심으로 당신이 직접 보여주신 지식과도 관련이 있습니다. 지금까지 이사야 53장을 통해 하나님 아버지가 예수 그리스도를 통해 어떻게 우리를 사랑하시고 구원하셨는지를 살펴보았습니다. 예수 그리스도는 자신의 삶과 죽음을 통해 구원의 지식을 가르치시고 실천으로 보여주심으로써 우리를 의롭게 해 주시는 것입니다. 다시 한 번 말씀 드리지만, 제대로 아는 것이 중요합니다. 올바른 지식을 바탕으로 믿음을 구사해야 하는 것입니다. 그렇기에 기독교는 무조건 믿는 종교가 아니라, 아는 만큼 믿고 믿는 만큼 성장하는 종교라고 말씀 드릴 수 있습니다.

8.2 부활을 통한 구원의 완성(2) – 완성의 표시

여호와의 날이 길어짐

다시 10절로 돌아가 내용을 살펴보면, 이사야 선지자는 구원이 완성된 증표로 '여호와의 날이 길 것'을 말합니다. '여호와의 날이 길 것'이라는 말은, 메시아 예수께서 속건 제물로 죽으셨지만 다시 사실 것을 예고하는 것입니다. 메시아 예수는 죄인들을 위하여 이 세상에 오셔서 죽음으로 속죄를 이루실 뿐 아니라, 한

걸음 더 나아가서 그 죽음을 통해 부활하실 것을 선포하고 있는 것입니다. '여호와의 날이 길 것'이라는 것은 단지 이 땅에서 예수 그리스도의 육신의 생명이 길어진다는 의미가 아니라, 죽음을 이기시고 부활하셔서 영존하는 하나님으로 영원히 사신다는 것을 의미하는 것입니다.[96]

또한 '여호와의 날이 길 것'이라는 것은 부활하신 예수께서 영원히 사신다는 의미와 함께 그의 후손들이 중단되지 않고 지속적으로 영원까지 이어진다는 의미가 있습니다. 그것을 예수 그리스도께서 계속해서 지켜보실 수 있을 정도로 그의 삶이 길어질 것이란 의미가 담겨져 있는 것입니다. 그리스도인들은 예수 그리스도의 죽음의 열매로 태어난 '씨앗'이라고 했습니다. 그래서 메시아 예수처럼 한 알의 밀알이 되어 죽을 수 있다면, 수없이 많은 생명의 세대를 이어나가는 '씨앗'이 될 수 있는 것입니다. 그리고 그 후손들이 계속해서 이어지는 것을 예수 그리스도와 함께 지켜볼 수 있게 되는 것이지요. 그렇기에 내가 '씨앗'이라는 사실에 만족하면서 감사하지만 말고, 메시아 예수처럼 또 다른 후손들을 세워 나가는 씨앗들이 될 수 있어야 합니다. 메시아 예수와 함께 그 후손들이 이어지는 것을 바라보는 기쁨에 동참할 수 있어야 합니다.

여호와의 뜻을 성취하심

여호와의 날이 길어지면서 그 날들을 통해 이루어지는 것이 있습니다. 이사야 선지자는 10절 마지막에서 "또 그의 손으로 여호와께서 기뻐하시는 뜻을 성취하리로다"라고 언급합니다. 그 날들이 길어지면서 여호와의 뜻, 여호와께서 기뻐하시는 뜻이 온전히 성취된다는 것입니다. 하나님의 가장 큰 뜻이 무엇입니까? 이 세상을 향한, 우리를 향한 하나님의 가장 큰 뜻이 무엇입니까? 그것은 죄 때문에 타락하고 죽게 된 우리를 온전히 회복시키시고 다시금 창조 질서를 회복하시는 일 아니겠습니까? 예수 그리스도께서 직접 하나님의 뜻을 받아 온전한 속죄 제물로, 온전한 속건 제물로 드려지셨기에 씨앗을 볼 수 있었고, 긴 나날동안 후손들이 지속적으로 세워지면서 궁극적으로는 여호와의 뜻, 구원을 위한 온전한 뜻이 성취되는 것입니다.[97]

드디어 세상을 온전히 구원하시고자 하시는 여호와의 뜻이 성취되는 날이 옵니다. 완성되는 날이 온다는 것입니다. 현재는 진행 중에 있습니다. 때로는 그 진행마저도 더뎌서 '정말로 세상의 구원이 완성될 수 있을까?'라는 의문이 들기도 합니다. 그러나 하나님은 이사야 선지자를 통하여 선포하십니다. 하나님의 구원은 완성되며, 그것을 "여호와의 뜻이 성취 된다"라는 말로 선언하신 것입니다. 그리스도인들에게 이 날은 궁극적인 기쁨의 날이요! 모든 무너진 것들의 온전한 회복의 날이 됩니다!

8.3 부활을 통한 영적승리

부활과 영적승리의 역학관계

　요한복음 5장 24절에 보면 예수께서는 "내가 진실로 진실로 너희에게 이르노니 내 말을 듣고 또 나 보내신 이를 믿는 자는 영생을 얻었고 심판에 이르지 아니하나니 사망에서 생명으로 옮겼느니라"라고 말씀하고 있습니다. 저는 이 말씀이 이미 구원받은 저에게는 적용되는 말이 아니라고 예전에 생각했습니다. 이 말씀은 구원받지 못한 세상 사람들에게만 적용되는 말씀이라고 생각했던 것입니다. 그런데 성경을 깊이 묵상하다 보니 놀라운 깨달음을 얻게 되었습니다. 그것은 예수 믿는 사람도 사망의 권세에 흔들릴 수 있다는 것이었습니다. 사망이라는 단어가 사실은 어려운 단어입니다. 사망을 죽는 것이라고만 생각하기 때문에, 내가 지금 죽지 않고 살아 있는데 사망이 나를 지배한다는 것, 내가 사망의 영향력 아래 있다는 말이 별로 와 닿지 않는 것입니다. 예수 그리스도는 생명의 근원으로 생명을 주시기 위해 이 땅에 오셨습니다. 그런데 거기에 반대가 되는 사단은 죽음을 무기로 이 세상을 흔들고 사람들을 파멸시키는 것입니다.
　이렇게 사망과 생명은 대립되는 개념입니다. 예수 그리스도께서 구원 받는 사람들을 사망에서 생명으로 옮겼다고 하신 말씀은, 예수 그리스도를 믿음으로 구원 받아 영생을 얻게 되었다는 의미와 더불어 구원 받은 후에도 죄를 짓는 우리들을 계속해서 위협하는 사망의 세력으로부터도 해방될 수 있도록 하셨다는 것을 의미하는 것입니다. 구원받았어도 죄를 지으면, 죄는 사망의 세력을 가져옵니다. 그러므로 이 말씀은 구원의 연속성, 생명의 지속성을 보여주고 있는 말씀인 것입니다.

이상의 말씀을 다시 정리하자면 다음과 같습니다. 창세기 1-2장은 창조의 원형의 모습을 을 보여주고 있습니다. 창조의 원형은 생명으로 가득 찬 모습이었습니다. 그런데 사람이 죄를 짓고 창조의 질서가 깨어지면서 죽음이 들어왔습니다. 이 죽음은 우리를 육신의 죽음과 영원한 죽음으로 끌고 가는데, 죽음에 이르기까지 죽음의 세력이 우리를 지배하게 되는 것입니다. 죄의 문제를 해결하지 않는 한, 살아 있는 동안 죽음의 세력에 지배를 받으며 살게 되는 것입니다. 그러나 생명이 있는 곳에서는 생명의 영향력이 있고, 사망이 있는 곳에서는 사망의 영향력이 있습니다. 그렇다면 생명 아래서 그 생명의 영향력을 받으며 살아가는 것과, 사망 아래서 사망의 영향력을 받으며 살아가는 것을 어떻게 구분할 수 있을까요?[98]

이것을 좀 더 쉽게 설명하자면, 감기에 걸린 것을 가지고 설명할 수 있습니다. 우리가 감기에 걸렸을 때 어떻게 알 수 있습니까? 감기 증상이 나타나면 감기에 걸렸다고 생각하는 것 아닙니까? 머리가 아프거나, 몸이 춥다거나, 콧물이 난다거나 그런 경우에 감기에 걸렸다고 생각하는 것입니다. 이렇게 감기 증상을 보고 감기에 걸렸다는 것을 아는 것처럼, 사망의 지배하에 있다는 것도 사망이 가져다주는 증상을 보고 알 수 있습니다. 내 안에 불안이 있고, 내 안에 좌절이 있고, 내 안에 상처와 아픔이 있다는 것은 모두 사망의 증상입니다. 이러한 증상들을 통해 내가 사망의 그늘 아래 있다는 것을 알 수 있는 것입니다. 원래 생명으로 충만했던 창조 질서 안에는 이러한 것들이 없었기 때문입니다. 사람이 죄를 짓고 나서 사망과 함께 들어온 것이지요. 그러므로 구원 받지 못한 사람들은 죽을 때까지 죽음의 증상들에 눌리며 살다가 결국 죽게 되는 인생을 사는 것입니다. 사단이 이렇게 사람들을 죽음에 가두어 놓은 것입니다. 성경은 이러한 모습을 '종이 되는 것'이라고 표현합니다. 죄의 종, 사단의 종이라고 말씀하고 있는 것입니다(롬 5:21). 죽음이 언제 위협을 가합니까? 죄를 짓는 순간, 죽음의 노예가 되며 죽음의 위협에 놓이는 것입니다. 예수 그리스도께서 오시기 전까지는 이 땅의 임금은 사단이었습니다. 사단이 이 세상에서 왕 노릇하며 하나님의 형상과 모양대로 만들어진 사람들을 죽음으로 묶어 종노릇하게 했던 것입니다(히 2:14-15).

그러나 어느 날 하나님의 결정적인 시간이 되었을 때 예수 그리스도께서는 생명을 가지고 이 땅에 오셨습니다. 그래서 누구든지 예수를 믿기만 하면 죽음의 모든 사슬을 벗어버리고 생명으로 다시 옷 입을 수 있는 것입니다. 그렇다면 내 안에 생명이 있는지는 어떻게 알 수 있습니까? 그것 역시 생명의 증상으로 알 수 있는 것입니다. 내 안에 기쁨과 소망과 감사와 같은 것들이 있다면 이것은 생명이 있다는 것입니다. 내가 생명이 있는 곳에 머물고 있다는 증거입니다. 이러한 관점에서 요한복음 5장 24절을 다시 풀어서 설명하자면, "내 말을 믿고 나 보내신 자를 믿는 자는 영생을 얻게 되는데, 영생은 한 번 얻는 것에서 끝나는 것이 아니라 사망에서 생명으로 옮겨져서 지속적으로 생명을 누리는 것이다"라고 할 수 있습니다.

예수 믿고도 죄를 지을 때가 있습니다. 그리고 죄를 짓는 순간 그 틈을 타서 죽음이라는 무기를 가지고 사단이 우리를 공격합니다. 걱정, 근심, 상처와 같은 죽음의 요소들을 가지고 공격하는 것입니다. 그렇기에 우리에게 걱정이나 근심이 몰려온다면 지금 내가 죽음의 요소들로 사단의 공격을 받고 있는 것은 아닌지 살펴야 할 것입니다. 그리고 생명의 근원이신 예수 그리스도 앞에 나아가 합니다. 영원한 생명 되신 예수 그리스도를 붙잡아야 합니다. 이렇게 지속적으로 예수 그리스도를 붙잡고 나갈 때 사망의 요소는 떠나가고 생명의 요소들로 충만히 누릴 수 있게 될 것입니다.

찬양 사역자 스캇 브래너 목사는 요한복음 3장 16절의 가사로 "하나님께서 세상을 사랑하사"라는 찬양을 만들었습니다. 요한복음 3장 16절의 말씀으로 찬양을 만드신 분들이 많은데, 스캇 브래너 목사가 만든 찬양에는 특별한 부분이 있습니다. 찬양의 후렴을 보면 "하나님께서 세상을 사랑하사 독생자를 주셨으니 믿는 자는 영생을 얻으리"라는 성경 구절 다음에 "난 믿네, 난 믿네 다시 사신 독생자"라는 가사가 계속 반복되는 것입니다. 스캇 브래너 목사가 이 부분을 이렇게 지루할 정도로 계속해서 반복하는 이유가 궁금해졌습니다. 이렇게 반복하는 이유는 무엇일까요? 그것에 대해 생각하다 보니 전도자의 입장에서 깨달아지는 것이 있었습니다.

저는 요한복음 3장 16절의 말씀도 구원받지 못한 사람들에게만 필요한 구절이라고 생각했었습니다. 요한복음 3장 16절은 전도자로서 예수 믿지 않는 사람에게 전해야 할 말씀으로만 생각했던 것입니다. 그런데 요한복음 3장 16절이 여전히 예수 믿는 사람들에게도 유효한 말씀이라는 것을 깨달았습니다. 그것은 예수 믿고 구원 받았어도 내 안에 연약함이 있기 때문에 또 다시 죄를 지을 수 있고, 그 연약함으로 또 다시 넘어질 수 있기 때문에, 그 때마다 생명을 가지고 오신 예수님을 믿어야 하는 것입니다. 다시 예수 그리스도 앞으로 나아가 나의 죄를 씻어 주실 것을 구할 때 생명의 역사가 다시 시작되는 것입니다. 이것이 부활의 역사입니다. 끝이라고 생각했는데, 더 이상 일어설 수 없다고 생각했는데, 생명을 가지고 오신 예수를 믿고, 의지하고, 붙잡기만 하면, 사망의 굴레에서부터 다시 일어설 수 있는 것입니다. 이것이 바로 기독교입니다. 그렇기에 스캇 브래너 목사가 만든 찬양은 생명 되신 예수를 믿고 또 믿어야한다는 것을 강조한 찬양이라고 할 수 있습니다.

우리가 이러한 사실을 알고 끊임없이 예수님을 신뢰하며 믿음을 가지고 승리하려 하여도, 현실은 만만찮습니다. 이미 메시아 예수는 십자가에서 죽으시고 부활하심으로 온전한 승리를 우리에게 주셨다는 것을 알지만, 우리가 현실적으로 경험하는 것은 매일 사단의 공격을 받고, 사단의 힘이 만만치 않다는 것입니다. 예수께서 부활하신 사건은 사단이 무장해제 되고 초토화된 사건인데, 이러한 현실을 어떻게 받아들여야 할까요? 한 가지 비유를 들자면, 6.25전쟁이 종식되었을 때 미처 북한으로 돌아가지 못한 북한군들이 산 속에 숨어 있다가 사람들을 죽이고 피해를 끼쳤던 것과 같은 상황이라고 이야기 할 수 있습니다. 이미 전쟁은 끝났지만, 아직 남아 있는 세력들이 마지막까지 저항하는 것입니다. 마찬가지로 예수 그리스도께서 부활하심으로 사단의 모든 세력을 무력화시켰지만 예수 그리스도께서 재림하는 그 순간까지 사단의 세력은 이 땅에서 지속적으로 믿는 사람들을 공격하는 것입니다. 왜 하나님은 이러한 상황을 그대로 내버려 두실까요? 그것은 아직도 남아 있는, 구원받지 못한 사람들 때문입니다. 사단에 대한 최후의 심판의 때는, 역시 세상의 심판의 날이고 끝을 의미합니다. 그렇기에 구원받아야할 그 한 영혼 때문에 이러한 상황이 지속되고 있다고 해도 과언이 아닐 것입니다. 그러나 사단은 이미 예수의 부활로 패배하였습니다.

　이것은 진리입니다. 이 사실을 아는 사람은 한 순간 넘어져도 부활하신 주님을 다시 붙잡고, 그 승리를 자신의 것으로 만들 수 있습니다. 그런데 이 사실을 모르는 사람은 막연하게 사단이 두렵고, 막연하게 사단을 이길 수 없다는 공포감에 사로잡히는 것입니다. 그래서 정확한 지식이 있어야 합니다. 복음에 대한 정확한 지식, 예수 그리스도의 십자가와 부활에 대한 정확한 지식을 가지고 있어야 합니다. 그러한 지식을 가지고 있다면 매일 그렇게 살아가지는 못한다고 하더라도 가장 어려울 때, 가장 밑바닥에 있을 때 그 지식을 딛고 믿음을 구사할 수 있게 되는 것입니다. 그러나 이러한 지식이 없는 사람은 다시 일어서기가 그만큼 더 어려울 수 있는 것입니다. 그러므로 부활이 사망의 권세를 깨뜨리고, 사단의 권세를 초토화시키며 예수 그리스도께서 승리하신 사건이라는 사실을 반드시 기억할 수 있기를 바랍니다.[99] 그래서 예수 그리스도를 제대로 쫓아가기만 한다면, 예수 그리스도를 제대로 붙잡기만 한다면, 예수 그리스도의 승리가 나의 승리가 되는 것입니다.

'탈취품'을 나눔으로 종결

마지막 12절에서 이사야 선지자는 부활을 통한 예수 그리스도의 승리를 선포합니다. 서두에서 말씀드린 바와 같이 예수 그리스도는 부활로 크게 두 가지를 이루어 놓으셨는데, 10-11절에서는 우리의 구원을 어떻게 완성하셨는지를 보여주고 있다면, 12절에서는 사단과의 전쟁에서 승리하심으로 무엇을 성취하셨는지를 보여주고 있는 것입니다. 메시아 예수는 부활하심으로 우리의 구원을 완전히 성취하신 것과 더불어, 우리를 타락시키고 죄의 사슬로 얽매이는 주체자인 사단과의 싸움에서 완전하게 승리하셨습니다. 그 싸움은 끝난 것입니다. "그러므로 내가 그에게 존귀한 자와 함께 몫을 받게 하며 강한 자와 함께 탈취한 것을 나누게 하리니..." 고대 근동에서 "탈취물"을 나누는 것은 전쟁과 관련된 것입니다. 구약 시대의 사람들은 전쟁에서 승리하고 난 다음 그 공로에 따라 적으로부터 빼앗은 소유와 토지 그리고 노예들을 분배하였습니다. 승리하였다는 표상으로 많은 사람들 앞에서 전리품을 나누어 가졌던 것입니다. 훌륭하게 싸워 이긴 용사들과 전리품을 함께 나누는데 그 싸움을 승리로 이끌었던 최고의 사령관은 여기서 신분 상승도 이루어집니다. 얼마나 의미심장한 표현입니까? 이것은 전쟁이 끝났음을 나타내 주는 가장 중요한 표시이기도 했습니다.[100]

이사야 선지자는 이 구절에서 메시아 예수의 부활을 전쟁에서의 승리로 묘사하고 있습니다. 그 분의 고난이 전쟁이었다면, 그 분의 부활은 전쟁으로부터의 승리를 의미하는 것입니다. 그리고 전쟁의 종결의 표시로, 승리의 표시로 탈취품을 나눠 주시는 것입니다. 이렇게 보자면, 메시아 예수의 고난과 죽음은 본질적으로 영적 전쟁의 과정이었습니다. 그러나 예수 그리스도께서는 이 전쟁에서 승리하셨습니다. 이것은 예수께서 우리가 싸워서는 능히 이길 수 없는 사단을 우리 대신 싸워서 이겨주셨다는 것을 의미하는 것입니다. 그리고 그 전쟁에서의 전리품을 우리와 나누고 계십니다. 예수 그리스도께서 완전한 승리를 거두셨기 때문에 이제는 더 이상 죽음의 위협 속에 쫓겨 다니지 않아도 됩니다. 죄의 노예가 되지 않아도 됩니다. 로마서 6장 6절에서는 "우리가 알거니와 우리의 옛 사람이 예수와 함께 십자가에 못 박힌 것은 죄의 몸이 죽어 다시는 우리가 죄에게 종노릇 하지 아니하려 함이니"라고 말씀하고 계십니다. 이제 더 이상 죄의 종이 되지 말고 승리하신 예수 앞으로 나와 생명의 풍요로움을 누릴 수 있습니다. 그 전리품을 받아 누릴 수 있습니다.

싸워 승리를 경험하라!

예수 그리스도께서 이 세상에 오신 목적은 우리를 구원하시기 위해서입니다. 그런데 요한일서 3장 5절에는 예수 그리스도께서 이 세상에 오신 목적을 한 가지 더 이야기하고 있습니다. 그것은 "하나님의 아들이 나타나신 것은 마귀의 일을 멸하기 위해서"라는 것입니다. 마귀의 일이 멸해져야 진정한 구원이 이루어지기 때문에 이 두 가지의 목적이 서로 연결되어 있는 것이지만, 성경에서 독립적으로 예수 그리스도께서 마귀의 일을 멸하기 위해서 오셨다는 것을 말하고 있는 이유가 있습니다. 만약 마귀의 일이 멸해졌다는 사실을 모른다면 부활의 기쁨은 단지 내가 예수 믿고 구원 받았다는 사실에, 그리고 그 분이 살아나셨다는 사실에 머물고 말 것이기 때문입니다. 그러나 부활은 더 큰 기쁨을 우리에게 선사합니다. 부활이 우리에게 더 큰 기쁨이 되는 이유는 예수 그리스도께서 부활하심으로 사단의 모든 권세를 무너뜨리고 사단을 무장해제 시켰기 때문입니다. 더 이상 우리가 죄의 종노릇하지 않아도 되기 때문입니다. 예수 그리스도의 부활이 없었다면 구원 받았다고 하더라도 여전히 연약함 때문에 죄를 짓고 사단에게 끌려 다니며 종노릇 할 수밖에 없는데, 예수 그리스도의 부활로 사단의 권세가 초토화되어 버렸기 때문에 더 이상 종노릇하며 살지 않아도 되는 것입니다.

십자가의 능력이 무엇입니까? 십자가 앞에 나가면 병이 낫고, 십자가 앞에 나가면 죄를 용서 받고, 십자가 앞에 나가면 은사가 나타나는 능력을 경험할 수 있습니다. 그러나 십자가로 사단을 이기셨다는 것이 십자가의 가장 큰 능력입니다. 골로새서 2장 15절에 보면 "통치자들과 권세들을 무력화하여 드러내어 구경거리로 삼으시고 십자가로 그들을 이기셨느니라"라고 선포하고 있습니다. 사단만 없으면 이 세상은 죄와 죽음이 들어오지 않았을 것입니다. 그러나 사단은 인간을 유혹하여 죄 짓게 만들고 이 땅에 죽음을 가져왔습니다. 지금도 그리스도인들을 넘어뜨리려 넘보고 있습니다. 우리가 사단을 의식하지 못한다고 하더라도, 사단은 우는 사자처럼 삼킬 자를 찾아다니고 있습니다(벧전 5:8). 권투 시합도 3분 동안 싸우고 1분은 쉬는데, 영적 전쟁은 쉬는 것이 없습니다. 나는 쉬고 싶어도 상대방이 쉬지 않는 것입니다. 사단은 쉬지 않고 지속적으로 틈만 나면 누군가를 넘어뜨리기 위해 우는 사자처럼 삼킬 자를 두루 찾아다니는 것입니다. 그렇기 때문에 예수 그리스도께서 사단의 모든 세력을 무력화시켰다는 것은 우리들에게 매우 기쁜 소식이 됩니다.

그러므로 예수 그리스도를 닮아가야 하는 우리에게도 하나님의 뜻과 계획을 성취시켜 드리기 위한 고난과 영적인 전투가 있어야 합니다. 이 전투는 생소하게 싸워야 하는 전투가 아니라, 주님이 이미 이겨 놓으신 승리를 내 것으로 만드는 전투입니다. 싸우지 않으면 주님이 만들어 놓은 승리가 내 승리가 되지 못하기 때문입니다. 고난을 통한 영적 전투가 있어야 승리의 영광을 누릴 수 있는 것입니다.[101] 나의 뜻과 계획을 성취하기 위한 노력과 고난이 아니라, 하나님의 뜻과 계획을 성취하기 위한 노력이 있어야 하며 희생이 뒤따라야 하는 것입니다.

이 저서의 서두에서 이사야 53장의 말씀을 묵상하던 많은 사람들의 인생이 바뀌었다는 이야기를 나누면서, 헨델의 '메시아'라는 오라토리오가 어떻게 만들어지게 되었는지 소개해 드렸습니다. 하나님의 조명하심 아래 이사야 53장을 깊이 묵상하던 헨델은 구속사의 놀라운 물줄기를 발견하고, 근 20여일 만에 이 오라토리오를 완성하게 되었습니다. 총 3부 53곡의 노래로 구성된 '메시아'의 2부 33번째 곡은 "머리들라 문들아"라는 노래입니다. 이 노래는 시편 24장 7-10절의 고백을 가지고 만든 찬양입니다.

문들아 너희 머리를 들지어다 영원한 문들아 들릴지어다 영광의 왕이 들어가시리로다
영광의 왕이 누구시냐 강하고 능한 여호와시요 전쟁에 능한 여호와시로다
문들아 너희 머리를 들지어다 영원한 문들아 들릴지어다 영광의 왕이 들어가시리로다
영광의 왕이 누구시냐 만군의 여호와께서 곧 영광의 왕이시로다 (셀라)

시편 24장은 다윗의 찬양입니다. 다윗이 왕이 되고 나서 가장 먼저 한 일이 변방에 있는 하나님의 법궤를 그 나라의 중앙으로 옮겨 오는 일이었습니다. 하나님의 임재를 상징하는 법궤가 이스라엘의 중앙으로 돌아오는 날 다윗은 너무 기뻐서 덩실 덩실 춤까지 추었습니다. 하나님의 법궤가 이스라엘의 중심으로 다시 돌아온다는 것은 하나님께서 이스라엘의 통치자가 되어 주신다는 것을 상징하는 것입니다. "이 나라의 주인은 하나님이십니다! 하나님이 이 나라의 통치자이십니다! 하나님만이 이 나라를 다스릴 수 있습니다!"라는 고백이 그 안에 담겨져 있는 것입니다. 다윗이 왕의 체통도 잃고 속옷까지 보이며 춤을 추다가 아내인 미갈에게 비웃음을 사기도 했지만, 다윗이 이렇게 기뻐한 이유는 하나님의 법궤가 이스라엘의 중앙으로 들어온다는 것은 하나

님의 통치가 다시 시작되는 일이기 때문입니다. 강하고 능한 여호와, 전쟁에 능하신 여호와께서 이스라엘의 통치자가 되어 주실 때 이미 모든 전쟁에서 승리한 것이기 때문입니다.

하나님의 법궤를 이스라엘의 중앙으로 옮겨 오면서 다윗은 "문들아, 머리 들어라!"라고 외쳤습니다. 여기서 '문'이라고 하는 것은 단순히 성문을 의미하는 것이 아닙니다. 고대 근동에서는 오늘날의 국회의원이라고 말할 수 있는 성읍의 대표들이 모여 성읍의 중요한 문제들을 논의하던 장소가 바로 성문 위였습니다. 그래서 구약 성경을 읽을 때 '문'이라고 하는 것은 성읍의 대표들이 모이는 곳을 의미하는 것입니다. 하나님의 법궤는 변방에 두고, 사람의 머리로 이스라엘의 국사를 아무리 논해도 새로운 것이 나오지 않았습니다. 별 다른 방책이 없었던 것입니다. 항상 블레셋의 위협 속에서 떨며 전쟁에서 패하는 일이 다반사였던 것입니다. 이것이 사람의 한계입니다. 사람은 아무리 뛰어나도 한계가 있습니다. 그런데 다윗이 "문들아, 머리 들어라!"라고 외친 것은, 1차적으로는 이제는 사람이 아니라, 사람을 만드신 하나님이 우리의 통치자가 되어 주신다는 의미를 가지고 있는 것입니다. 하나님이 우리의 머리가 되어 주신다는 것입니다. 그렇기 때문에 "문들아, 머리 들어라!"라는 외침은 위축된 지도자들에게 용기를 주는 외침이었습니다. "위축되어 있는 너희 지도자들아, 머리를 들어라!"라는 의미를 담고 있는 것입니다. 더 이상 우리의 힘으로 하려 하지 말라는 의미이기도 합니다. 그 분이 우리의 머리가 되어 주시기 때문이며, 그 분이 우리의 지도자가 되어 주시기 때문입니다. 그 분이 우리의 통치자가 되어 주시기 때문입니다.

"문들아, 머리 들어라!"라는 외침에 들어 있는 2차적인 의미는, 말 그대로 닫혀 있는 문, 인간의 힘으로는 도저히 열 수 없는 문, 영원한 문을 향해 외치는 것입니다. 영광의 왕이 들어가시기에, 만왕의 왕이 들어가시기에, 문을 향해 열려지라고 외치는 것입니다. 한 번 열면 닫을 자가 없고, 한번 닫으면 열 자가 없는 능력의 왕이, 권위의 왕이 들어가시기에 이제 닫혔던 문들이 활짝 열리게 되는 것입니다. 그러므로 우리도 우리의 삶 가운데 닫혀 있는 문들에게 선포할 수 있습니다. 예수께서 부활하심으로 모든 죽음의 권세를 이기셨기 때문입니다. "닫혀 있는 문들아, 열릴지어다!"

예수 그리스도께서 죽으시고 부활하심으로 얼마나 존귀하게 되셨는지를 빌립보서 2장 9-10절에서 사도 바울은 이렇게 선포하고 있습니다. "이러므로 하나님이 그를 지극히 높여 모든 이름 위에 뛰어난 이름을 주사 하늘에 있는 자들과 땅에 있는 자들과 땅 아래에 있는 자들로 모든 무릎을 예수의 이름에 꿇게 하시고." 부활하신 예수 그리스도는 모든 이름 위에 뛰어난 이름이 되셨습니다. 부활하신 예수 그리스도는 왕 중의 왕이 되셨습니다. 그렇기에 부활하신 예수 그리스도가 들어가는 곳에는 모든 문들이 열려지는 것입니다. 부활하신 예수 그리스도를 앞세우고 나아가는 곳에는 닫혀진 문들이 열려지는 것입니다. 이것이 신앙의 역동성입니다. 닫혀 있어서 끝날 것 같은 그곳에 부활의 예수를 앞세우십시오. 그러면 그 분께서 닫혀 있던 모든 문들을 열어 주실 것입니다. 이사야 53장을 통해 배우게 된 그 지식을 바탕으로 믿음으로 구사한다면 놀라운 승리의 역사를 경험하게 될 것입니다. 예수 그리스도께서 승리하셨다는 사실을 아는 것에서 멈추지 말고 예수 그리스도의 승리가 나의 승리가 될 수 있도록 노력해야 합니다.

8.4 부활을 통한 풍성한 열매

최후의 영광스러운 상급

예수 그리스도께서 우리를 위하여 십자가에서 고난을 당하신 후에 이처럼 영광과 보상을 받으실 것이라는 말씀은 우리에게 소망을 줍니다. 그것은 바로 예수 그리스도께서 십자가를 지셨고 부활하신 승리자가 되어 탈취물을 나누시고 존귀하게 되신 것처럼, 우리도 그와 함께 고난을 받으면 승리를 하게 되고 그 분과 함께 영광스러운 상급에 참여하는 자가 될 것이기 때문입니다. 이 소망을 가지고 많은 성도들이 고난 속에서도 믿음을 굳건히 지킬 수 있었던 것입니다.

메시아 예수의 부활은 현세의 삶에서도 예수를 믿고 따르는 모든 사람들에게 승리와 능력을 가져다주지만, 최후의 심판 때에도 예수의 부활을 믿고 따라온 모든 그리스도인들에게 영광스러운 상급으로 함께하실 것입니다. 예수께서 부활하셨다는 그 사실이 그리스도인들의 미래를 보장하셨다는 말로 사용될 수도 있을 것입니다. 이 땅에서 예수를 믿고 바라보며 따라간 행위대로 보상하시고 상급을 주실 것입니다.

또한 예수께서 부활하신 후, 하나님께서 그를 높이시고 모든 권세가 그의 무릎에서 굴복하게 하신 것처럼, 예수를 닮아가는 모든 그리스도인들도 메시아 예수와 같이 고난을 통한 십자가의 죽음과 부활을 동일하게 경험할 수 있다면, 하나님께서 그를 높이시고 권세를 주시며 이 땅에서도 풍성한 생명의 열매를 맺게 하실 것입니다. 생명이 있는 곳에는, 그리고 그 생명이 오랫동안 지속되는 곳에는 생명의 열매가 맺히게 되어 있기 때문입니다.

믿음의 후손들을 봄

부활하신 예수를 통하여 많은 믿음의 후손들이 이 땅에 나타나 하나님의 나라를 확장시켜 나아가는 것처럼, 예수를 따르는 그리스도인들도 죄에 대하여 죽고 의에 대하여 온전히 다시 살아나는 부활을 경험할 수 있다면, 그 사람을 통하여 믿음의 후손들이 생겨나게 될 것입니다. 그리고 이것이 하나님께서 그리스도인들에게 궁극적으로 원하시는 것들입니다. 메시아 예수께서 성취해 놓으신 구원의 모든 일들을 일부만 맛보고 가능성을 가진 존재로만 예수를 따라가면 안 됩니다. 가능성을 가지고 있는 존재로만 인생을 마치시겠습니까? 가능성을 가진 채 여러분의 삶을 마치시겠습니까? 그래서는 안 됩니다. 그 가능성을 내포하고 있는 생명의 씨앗을 던져 죽음으로 생명의 싹을 틔워야 합니다. 그리고 또 다른 열매를 맺어야 합니다. 그것이 우리를 향한 하나님의 궁극적인 목표이고, 그것을 통해 하나님의 온전한 뜻이 이루어지는 것입니다.

제가 박사 학위를 받고 박사 이후의 과정을 위해 1년 동안 인도에 다녀온 적이 있습니다. 전도학을 전공했기 때문에 다 종교 사회에서 어떻게 복음을 전할 수 있는지를 연구하기 위하여 인도로 갔었습니다. 하나님께서는 세계 4대 종교가 발생한 인도에서 어떻게 복음이 효율적으로 전해질 수 있는지를 연구하게 하셨습니다. 인도의 열악한 환경 속에서 온 가족이 함께 지내면서 여러 가지로 어려움도 많았습니다. 그러나 환경이 열악한 만큼 하나님의 은혜가 있었습니다. 그렇게 1년의 과정을 마치고 한국에 돌아왔을 때가 가을이었습니다. 인도의 1년이 하나님의 은혜에 젖어 지내던 시절이었기 때문에 극동방송에서 찬양만 나와도 눈물이 났습니다. 그 날도 극동방송을 틀었더니 한 찬양이 흘러나왔습니다. "감사해요 깨닫지 못했었는데 내가 얼마나 소중한 존재라는 걸... 당신은 사랑 받기 위해 그리고 그 사랑 전하기 위해 주께서 택하시고 이 땅에 심으셨네 또 하나의 열매를 바라시며." 그 찬양 가사의 핵심은 하나님께서 나를 이 땅에 심어 놓은 씨앗이라는 것입니다. 또 다른 열매를 기대하면서 말입니다. 얼마나 그 가사가 깊게 와 닿았는지 모릅니다.

인도는 1970년대 말에 카스트 제도가 무너지긴 했지만 여전히 그 영향력이 존재합니다. 카스트 제도 중에 가장 높은 계급이 브라만 계급인데, 정말 브라만 계급은 혈통이 다르다고 느껴질 정도로 외모나 학식이 뛰어났습니다. 카스트 제도는 4계급으로 이루어져 있는데, 인도에는 이 계급에 들어가지 못하는, 사람 취급을 받지 못하는 이들이 전 인구의 70%나 됩니다. 이들을 전도하는 것도 힘든 일입니다. 한번은 제가 살고 있는 인도 시내에서 볼 일을 마치고 집으로 돌아가려고 오토릭샤라는 인도의 택시를 탔는데, 새 차인 것 같아 운전사에게 새 차라서 너무 좋다고 인사를 건넸습니다. 그랬더니 운전사는 신이 나서 자기가 믿는 신에서 기도했더니 은행에서 대출을 받아 이 차를 사게 되었다며 자기는 브라만 계급이라고 자랑을 하는 것이었습니다. 브라만 계급이라는 말을 들으니 혹시 전도할 수 있지 않을까 하는 생각이 들어 다음과 같이 말을 건넸습니다. "당신이 믿는 신은 은행에서 대출을 받게 해 줍니까? 제가 믿는 신은 공짜로 줍니다." 라고 말했지요. 그 말을 들은 운전사가 저를 쳐다보자, 저는 그 때를 놓치지 않고 "제가 믿는 신에 대해 한 번 들어보시겠습니까?"라고 제안을 했습니다. 인도는 3억 3천의 신을 섬기는 나라이기에, 다른 신에 대한 이야기를 별 다른 거부감 없이 들을 수 있을 것 같다는 생각으로 메시아 예수를 소개하기 시작했습니다. 시내에서 아파트까지 30분 정도 걸리기 때문에 집에 도착하기 전에 마무리하기 위해 20여 분 복음을 전하고 "제가 믿는 하나님을 믿는다면 당신도 구원 받을 수 있습니다. 당신도 믿겠습니까?"라고 초청을 했더니 그 운전사는 바로 믿겠다고 대답하였습니다. 이 운전사가 외국인에게 팁을 더 얻기 위해 저의 기분을 맞추어 주려고 하는 것은 아닌가 하는 생각도 들었지만, 예수 그리스도를 영접할 수 있도록 함께 영접 기도를 드렸습니다. 그리고 기쁜 마음으로 팁을 주고 보내려고 했더니 이 운전사가 떠나지 않는 것입니다. 여기가 우리 집이고, 이제 가도 된다고 아무리 이야기를 해도 가지 않는 것입니다. 그래서 가만히 그 운전사를 쳐다보니 그 사람의 눈에 눈물이 맺혀 있었습니다. 그러면서 그 사람은 "당신이 전해 준 예수에 대해 더 알고 싶습니다. 저에게 더 가르쳐 주실 수 있습니까?"라고 묻는 것이었습니다. 20여 분 정도 밖에 복음을 전하지 못했지만 성령께서 역사하시니 그 사람이 진심으로 예수 그리스도를 영접하게 되었던 것입니다. 그냥 영접한 것이 아니라 울면서 영접한 것입니다. 그 모습을 보고 저도 그 자리에서 눈물을 흘릴 수밖에 없었습니다. 하나님께서 저의 간절한 기도를 들으시고 하나님의 뜻을 성취하시기 위해 복음의 씨앗을 심게 하시고 그 싹을 틔울 수 있도록 하신 것입니다. 할렐루야!

　하나님은 그의 아들을 보내 주셔서 우리를 대신해서 십자가에서 죽게 하셨습니다. 그런데 그 분은 그냥 죽으신 것이 아니라, 상하시고 질고를 당하심으로 우리의 죄 값을 배상하시고 우리의 모든 죄를 용서해 주셨습니다. 그리고 생명의 씨앗을 우리에게 허락하신 것입니다. 우리는 그 씨앗입니다. 그런데 언제까지 씨앗으로만 존재하겠습니까? 하나님은 그 씨앗이 심겨져 싹을 틔울 수 있기를 원하십니다. 우리가 그 놀라운 생명의 계보를 이어가는 하나님의 사람들이 될 수 있기를 바라십니다.

8장 "부활하신 메시아 예수"를 마치며...

메시아 예수를 깊이 알기 위한 질문들

1. 부활을 통한 구원의 완성과정을 본문에 기술되어 있는 내용을 중심으로 기술하세요.

   1)
   2)
   3)

2. 부활이 구원의 완성이라는 표시를 본문은 어떻게 표현하였습니까?

   1)
   2)

3. 부활과 영적인 승리의 역학관계를 서술해보세요.

4. 예수님의 부활로 사단의 세력이 패하였는데도 오늘날 그리스도인들을 공격하는 이유를 설명해 보세요.

5. 부활을 통해서 성취하신 승리는 어떻게 경험할 수 있습니까? 왜 그렇습니까?

6. 부활이 부성한 열매와 어떻게 관계가 있는지를 설명해 보세요.

7. 메시아 예수의 부활이 기쁜 소식인 이유를 기술해 보세요.

미주

1) 하도균, 「전도바이블」(고양: 도서출판 예수전도단, 2014), 25를 참조하라.

2) 창세기 3장 15절을 메시아를 예언하는 복음의 원형으로 이해되어야 하는가에 관한 문제는 논란이 있어왔다. 그러나 복음주의 진영에서 이 구절을 원형복음으로 이해하기 시작한 것은, 라이온(Lyon)의 감독, 이레니우스(Irenaeus)가 메시아에 대한 예언으로 해석한 후 전통적으로 원형복음으로 알려져 왔다. Claus Westermann, *Genesis 1-11: A Commentary*, tr. John Scullion (Minneapolis, MN: Augusbury Publishing House, 1984), 260을 참조하라.

3) "여자의 후손"을 어떻게 해석하느냐에 따라서 본 구절이 메시아의 예언으로 해석될 수도 있고, 그렇지 않을 수도 있다. 저자는 "여자의 후손"을 지칭하는 히브리어 "제라"를 단수적으로 해석할 수 있음에 동의하며, 그렇기에 메시아의 예언으로 받아들인다. 칼뱅의 제자이며 구약학자인 데이빗 파레우스(David Pareus)는 그의 주석에서 "여자의 후손"은 단수로 해석하여야 하며, 따라서 예수 그리스도를 지칭한다고 하였다. Ken Schurb, "Sixteenth-Century Lutheran-Calvinist Conflict on the Protevangelium," *Concordia Theological Quarterly*, vol. 54 no. 1 (Jan. 1990): 36을 참조하라.

4) Irenaeus, *Adversus Haereses* (Philadelphia: Westminster Press, 1953), 390-391.

5) Thomas C Oden, *The Living God, Systematic Theology*, vol. 1

(San Francisco, CA: Harper & Row, Publishers, 1987), 61.

6) 제임스 패커(James I Packer)는 예수 그리스도 이전의 모든 사건들도 그리스도의 죽음과 부활을 예표하는 하나님의 계시였다고 보았다. 그러나 그 모든 것은 예비적이며 일시적이나, 그리스도의 역사는 최후적이며, 확정적이며, 모든 인간을 위해 마련된 구속의 성취라고 보았다. James I Packer, "An Evangelical View of Progressive Revelation," in *Evangelical Roots*, ed. Kenneth Kantzer (Nashville, TN: Thomas Nelson Inc., Publishers, 1978), 155를 참조하라. 애즈베리 신학대학(Asbury Theological Seminary)의 전도학 석좌교수였던 홍성철 역시 창세기 3장 15절을 복음의 원형으로 보고 있으며 타락하여 무지하게 된 인간을 위하여 하나님은 구원의 계획을 점진적으로 펼쳐나가셨다고 주장한다. 홍성철, "원형복음"「교수논총」(부천: 서울신학대학교, 2000), 745.

7) 제자원 편,「옥스포드원어성경대전, 로마서 1-8장」(서울: 제자원 바이블네트, 2006), 26.

8) 제자원 편,「옥스포드원어성경대전, 호세아 1-14장」(서울: 제자원 바이블네트, 2008), 259.

9) 사실상 A. D. 590년(그레고리 1세)부터 1517년(루터의 종교개혁)까지를 중세의 암흑시대라고 할 수 있다. 영적인 세계는 빛을 잃고 로마 카톨릭의 교권과 부패가 만연했던 시대를 말한다. 김창영,「교회용어사전」(서울: 생명의말씀사, 2013), 765를 참조하라.

10) "예수 그리스도, 그 이름의 능력과 권세"「합동 헤럴드」2015년 9월 13일, 21:49:50.

http://www.hdherald.com/news/articleView.html?idxno=843

11) 김세윤, 「칭의와 성화」 (서울: 두란노, 2013), 76, 79, 81을 참조하라. 김세윤은 여기서 칭의의 법정인 의미만 강조하고 관계적인 의미를 가르치지 않음으로써 생기는 한계를 설명하고 있다.

12) 한영태, 「웨슬레의 조직신학」 (서울: 성광문화사, 1994), 206의 도포를 참조하고 비교해보라. 칭의는 법적인 차원에서 객관적인 변화에 강조점이 있다. 물론 칭의를 경험하였을 때, 중생이라는 주관적인 변화가 함께 경험되어진다. 이것이 웨슬리안의 구원론적 관점에서의 해석이다. 그러나 칭의만을 놓고 보았을 때는, 객관적이고 법적인 변화에 더 많은 초점이 있는 것이 사실이다. 그러나 그것은 그 변화를 기반으로 하나님과의 진정한 관계의 회복이 전제되어 있다.

13) 김남준, 「메시아, 고난과 영광」 (서울: 생명의말씀사, 2000), 13.

14) 유대인들이 예수를 메시아로 받아들이기 어려운 이유는 다음과 같다. 첫째, 그들의 영적인 눈이 멂과 강퍅함 때문이다. 둘째, 메시아의 신적기원, 탄생과 계보, 이적, 그의 고난, 죽음과 부활 등의 기독교의 핵심 사상들을 받아들이지 못하기 때문이다. 셋째, 이사야서의 내용을 기독교적으로 해석하기를 거부하기 때문이다. 이 외에도 여러 이유들이 있는데, 여기에 대해서는 다음을 참조하라. 존 F. A. 소여, 「제5복음서」 김근주 역 (고양: 크리스챤다이제스트, 2003), 150-160.

15) 이 부분에 관하여는, 다음의 책을 참조하라. 특별히 "구약의 선지자들 가운데 예수님 발견하기"를 참조하라. 데이비드 머리, 「구약 속 예수」 조계광 역 (서울: 생명의말씀사, 2014), 159-182.

16) Anthony A. Hoekema, *Created in God's Image* (Grand Rapids, MI: Eerdmans Publishing Co., 1986), 135를 참조하라. 안토니 회크마는 창세기 3장 15절 이후, 모든 성경은 놀라운 메시아에 관한 약속의 내용을 펼쳐 나가고 있다고 하였다.

17) 브루스 데머리스트, 「십자가와 구원」 이용중 역 (서울: 부흥과 개혁사, 2006), 256. 브루스 데머리스트는 의심할 여지 없이 구약의 제사들은 그리스도의 대속적인 희생을 예표했다고 하였다. 또한 고든 웨함도 구약의 번제는 그리스도의 십자가에서 보여 준 자기희생을 묘사하는데 사용된 다수의 심상가운데 하나라고 하였다. 고든 웨함, 「레위기」 김귀탁 역 (서울: 부흥과 개혁사, 2014), 73.

18) William Hendriksen, *The Gospel according to John*, 5th ed., vol. 4 of *New Testament Commentary* (Grand Rapid, MI: Baker Book House, 1972), 138.

19) 홍성철, "중생의 비밀," 「복음전도의 성경적 모델」 (서울: 도서출판 세복, 2002), 82-83.

20) Ludwig Koehler & Walter Baumgartner, *Lexicon in Veteris Testamenti Libros*, (Leden: E. J. Brill, 1958), 362-363.

21) 김재신, 「성경의 인간학」 (서울: 예영커뮤니케이션, 2007), 73-75를 참조하라. 인간은 조금만 어려움이 오면 하나님을 의지하고 그 문제를 해결하려고 하기보다는, 지난날의 노예 생활을 동경하고, 하나님을 원망하는 노예근성이 있음을 지적하고 있다. 출애굽기에 나타난 이스라엘의 광야

40년의 모습에서 이와 같은 모습을 유추할 수 있다.

22) 메시아 예수는 "연한 순"의 모습처럼 유아시절에는 헤롯의 간교로 죽을 위험에 놓이기도 하였지만 하나님의 강력한 군대의 힘으로 위험을 극복하신 것이 아니라 다른 나라로 피하심으로 그 위험을 모면하셨다. 그분의 유년시절은 평범한 목수의 집 뒤 뜰에서 어진 시절을 보내셨다. "연한 순"에게는 적격인 장소였다. 찰스 스펄전, 「십자가, 승리의 복음」 송용자 역 (서울: 지평서원, 2002), 19-20.

23) 김재신, 「성경의 인간학」, 45.

24) Ibid., 49-50을 참조하라.

25) 폴 워셔, 「복음」 조계광 역 (서울: 생명의 말씀사, 2013), 238-39와 마크 드리스콜. 게리 브레셔스, 「예수 그리스도」 소을순 역 (서울: 부흥과 개혁사, 2012), 82를 참조하라.

26) 배재욱, 「생명」 (서울: 대한기독교서회, 2010), 58-64를 참조하라.

27) 조지 래드, 「하나님나라」 원광연 역 (서울: 크리스챤다이제스트, 2005), 508-9를 참조하라.

28) 메시아 예수를 통하여 구원을 받은 그리스도인들은 생명을 소유한 자들이다. 그리스도의 대속의 죽음을 통하여 생명을 얻게 되었기 때문이다. 배재욱, 「생명」, 76-77을 참조하라.

29) 하도균, 「십자가」 (서울: 베드로서원, 2012), 146-47을 참조하라. 특

별히 예수님이 사셨던 시대의 로마인들에게 십자가는 연약함과 무능력의 극치였다. 세상은 구원의 방법인 십자가를 그렇게 평가하였다.

30) 예수께서 부활하신 사건은 그분을 따르는 모든 그리스도인들에게 어떤 영광과 승리, 그리고 권세를 가져다주는지 전한 것이 초대교회 사도들이 전한 복음의 핵심이었다. 김세윤, 「복음이란 무엇인가」 (서울: 두란노아카데미, 2003), 158-164를 참조하라.

31) 레슬리 뉴비긴, "1세기 이스라엘에 대한 이해" 「변화하는 세상 변함없는 복음」 홍병룡 역 (서울: 아바서원, 2014), 57-60을 참조하라.

32) 이스라엘의 모든 참된 예언적 영감은 에스라 시대(B.C. 450년 경)로 끝나고 하나님의 음성이 잠잠했다는 확신이 유대인들에게 일반적이었다. 이 후에는 특별한 계시도 없었고, 그리스도의 초림까지 약 400여년 영적인 공백기로 보내고 있었다. 최종진, 「구약성서개론」 (서울: 소망사, 2005), 613.

33) 보 라이케, 「신약성서시대사」 번역실 역 (서울: 한국신학연구소, 1991), 166-187을 참조하면 예수시대의 종파들의 형성과정과 특징들을 상세히 알 수 있다.

34) 메릴 C. 테니, 「신약개론」 국제신학연구원 역 (서울: 서울말씀사, 2007), 79-80을 참조하라.

35) 바울이 쓴 로마서를 보면 1장 26-27절에, "곧 저희 여인들도 순리대로 쓸 것을 바꾸어 역리로 쓰며 이와 같이 남자들도 순리대로 여인쓰기를 버리고 서로를 향하여 음욕이 불일듯하매 남자가 남자로 더불어 부끄러운

일을 행하여 저희의 그릇됨에 상당한 보응을 그 자신에 받았느니라"라고 기록하였다. 예수님 바로 다음 시기이기는 하지만, 로마는 그 당시 동성애로 사회의 기준이 무너졌으며 나라가 망하게 되는 원인을 제공하기도 하였다. 조병호, 「진정한 부흥, 로마서」 (서울: 생명의말씀사, 2010), 36-38을 참조하라.

36) 역사적으로 보자면, 교회가 세상에 존재하는 하나님 나라의 모델이라는 입장이 많이 있었다. 이 입장은 곧 교회를 통하여 하나님의 나라가 이 세상에 확장되어가고, 하나님의 통치가 어떻게 이루어지는지 볼 수 있다는 것이다. 이러한 입장은 어거스틴의 「하나님의 도성」에 영향을 많이 받았다. 그러나 장단점을 가지고 있다. 필자가 이 부분에서 강조하려고 하는 것은 교회의 머리가 생명의 근원되시는 예수라는 점이다. 그렇기에 적어도 세상은 교회로부터 생명을 얻을 수 있는 희망이 있음을 주장하는 것이다. 교회의 하나님 나라 모델에 관하여서는, 하워드스나이더, 「하나님 나라의 모델」 이철민.이승학 역 (서울: 두란노, 1999), 115-132를 참조하라.

37) 창세기 3장 8-15절을 보면, 죄 지은 아담과 하와를 찾아가셔서 죄가 전가됨에도 불구하고 그들을 포기하지 않으시고 구원하시려는 하나님의 모습을 볼 수 있다. 이 구절에 관한 구속사적인 해석은, 하도균, 「십자가」, 53-61을 참조하라.

38) 예수님이 당하신 슬픔과 아픔, 눈물은 십자가에서 극에 달한다. 십자가를 앞두고 슬픔과 눈물로 그 과정들을 이겨나가시는 예수님을 묵상하려면, 티머시 켈러, 「예수를 만나다」 전성호 역 (서울: 베가북스, 2014), 208-230을 참조하라.

39) 메시아의 고난은 궁극적으로 날 위한 고난이다. 그러므로 그분의 고난

은 세상과 하나가 되기 위한 방법이었다. 존 스토트,「그리스도의 십자가」 황영철,정옥배 역 (서울: IVP, 1992), 109-110, 118-120을 참조하라.

40) 매튜 헨리,「매튜헨리주석-이사야」박문재 역 (서울: 크리스찬다이제스트, 2008), 852-853.

41) 이 단어는 긍정과 대조를 함께 표현하는 단어이다. 존 오스왈드, 「NICOT-이사야」이용중 역 (서울: 부흥과개혁사, 2016), 464.

42) 이스라엘은 하나님으로부터 땅의 경작권과 관리권을 받았다. 그런데 어떤 사람은 너무 가난하여 땅을 팔지 않을 수 없었을 때, 그 땅은 50년마다 반복되는 희년에 원주인에게 돌아갈 수 있었다. 그런데 땅을 판 사람에게 주어지는 다른 은혜가 있었는데, 바로 기업을 무를 자가 그 사람을 대신하여 기업을 물러주는 것이었다. 그런데 여기서 기업을 무를 자는 가까운 친척이어야 했다. 여기에 대해서는, 홍성철,「진흙 속에서 피어난 백합화」(서울: 도서출판 세복, 2015), 288-293을 참조하라.

43) 홍성철,「진흙 속에서 피어난 백합화」, 293-295를 참조하라.

44) Henri J. M. *The Wounded Healer: ministry in contemporary Society* (New York: A Division of Doubleday & Co. Inc., 1972), 81-82를 참조하라.

45) 여기에 대해서는, 배본철,「성령, 그 위대한 힘」(서울: 낵서스, 2014), 325를 참조하라.

46) 개역한글에서 "싫어버린 바 되었다"로 번역된 이 단어의 히브리어적

의미는 '거절, 단절'로도 번역할 수 있다. 존 오스왈드, 「NICOT-이사야」, 461을 참조하라.

47) 김남준, 「메시아, 고난과 영광」, 52.

48) 비슬리 머리, 「W.B.C. 요한복음」 이덕신 역 (서울: 솔로몬, 1990), 195.

49) 존 스토트, 「그리스도의 십자가」, 109-10을 참조하라.

50) 로고스 편, 「히브리어, 헬라어 사전」 (서울: 로고스, 2014), 207.

51) Ibid., 149.

52) Ibid., 569.

53) Ibid., 500.

54) 김찬호, 「모멸감」 (서울: 문학과 지성사, 2015), 175-179.

55) 로고스 편, 「히브리어, 헬라어 사전」, 353.

56) J. I. Paker, 「하나님을 아는 지식」 정옥배 역 (서울: IVP, 2001), 217-224를 참조하라.

57) D. M. Lioyd Jones, 「로마서 강해 (3)」 서문강 역 (서울: 기독교문서선교회, 1991), 168-172를 참조하라.

58) 이 단어는 히브리어로 '샬롬'을, 헬라어로는 '에이레네'이다. 둘 다 전쟁이 없다는 의미를 뜻하는 것은 아니고, 안녕과 만족, 그리고 '완전함'을 뜻하는 말이다. J. Stenphen Rang, 「바이블 키워드」 남경택 역 (경기: 도서출판 들녘, 2007), 511.

59) 로고스 편, 「히브리어, 헬라어 사전」, 641.

60) 페르소나란 말은 극중에서 특정한 역할을 하기 위하여 배우가 썼던 가면을 의미한다. 인물이나 인격도 같은 어원에서 유래한 것으로, 융 심리학에서도 페르소나의 원형은 단어의 의미와 같은 목적을 위해 사용된다. 페르소나에 의해 개인은 자신의 성격이 아닌, 다른 성격을 연기할 수 있다. 그러므로 페르소나란 개인이 대중에게 보여주는 가면 또는 겉모습이며, 여기에 사회의 인정을 받을 수 있도록 좋은 인상을 주려는 의미가 내포되어 있다. Cavin S. Hall and Vernon J. Nordby, 「융 심리학 입문」 김형섭 역 (서울: 문예출판사, 2004), 69.

61) 알버트 월터스, 「창조 타락 구속」 양성만, 황병룡 역 (서울: IVP, 2013), 116-121을 참조하라.

62) D. A. 카슨, 팀 켈러 편, 「복음이 핵심이다」 최요한 역 (서울: 아가페북스, 2011), 81.

63) 하도균, 「십자가」, 154-56, 김창영, 「교회용어사전」 (서울: 생명의 말씀사, 2013), 256; 박수암, 「마가복음」 (서울:대한기독교서회, 1993), 477을 참조하라.

64) 십자가의 의미를 깨달아 갈 때, 메시아 예수께서 나의 구원을 위하여 죽으신 곳에서 끝나면 안 된다. 예수님처럼, 이제는 내가 내 죄의 모든 것을 십자가에서 못 박고 온전히 죽어져야 한다. 죄 된 자아가 십자가에서 처리되는 것이다. 그 때 부활의 영광을 온전히 경험할 수 있다. 예수와 연합한다고 할 때, 죽는 것과 다시 살아나는 부활까지 함께 연합하는 것이다. 바울도 갈라디아 2장 20절에서 자신이 십자가에 온전히 죽었음을 표현하였다.

65) W. Phillip Keller,「양과 목자」김만풍 역 (서울: 생명의말씀사, 1978), 34.

66) Ibid., 35.

67) Ibid., 34-35.

68) 김의원. 민영진,「성서주석: 사사기/룻기」(서울: 대한기독교서회, 2007), 77; J. 클린턴 맥캔,「현대성서주석: 사사기」오택현 역 (서울: 한국장로교출판사, 2010), 55를 참조하라.

69) 김남준,「구원과 하나님의 계획」(서울: 부흥과 개혁사, 2004), 36, 43; 오톤 와일리. 폴 컬벗슨,「웨슬리안 조직신학」전성용 역 (서울: 도서출판 세복, 2002), 193을 참조하라.

70) 죄의 신학적인 내용에 관하여는 다음을 참조하라. 김성원,「구원의 허리를 동이고」(서울: 꽃자리, 2014), 50-70.

71) 김세윤,「구원이란 무엇인가」(서울: 두란노 아카데미, 2008), 56-57.

72) 데릭 프린스, 「속죄」 김유태 역 (서울: 순전한나드, 2010), 15-16을 참조하라.

73) 요한일서 2장 12-24절을 보면, 이 단계들을 두 번 반복하며 그 특징들을 상세하게 기록하였다.

74) 우리가 칭의를 경험했을 때, 우리의 모든 죄는 순간적으로 모두 용서받는다. 중생한 자는 영생을 맛보고 살며, 또 앞으로 영생을 얻을 것이다. 그러나 우리는 여전히 죄 지을 가능성을 지니고 살게 된다. 중생할 때 새로운 본성이 주어졌지만 옛 본성이 완전히 사라진 것이 아니다. 이 옛 본성을 신학적으로 원죄라고 한다. 이에 대해서는, 성결교회신학연구위원회 편 「성결교회신학 (상)」 (서울: 기독교대한성결교회출판부, 2007), 460-463을 참조하라.

75) 서형섭, 「복음에서 생명으로」 (경기: 이레서원, 2013), 178-185를 참조하라.

76) 앤드류 팔리, 「복음에 더할 것은 없다」 (서울: 터치북스, 2013), 154-160; 오톤 와일리, 「웨슬리안 조직신학」 전성용 역 (서울:세복, 2002), 382-383을 참조하라.

77) Ibid., 134-53을 참조하라.

78) 하도균, 「십자가」, 249-264에서 예수의 부활과 연합하여 얻게 되는 열매들에 관하여 참조하라.

79) 김남준, 「메시아, 고난과 영광」, 175-177을 참조하라.

80) 유월절의 어린양과 메시아 예수와의 관계를 복음적으로 어떻게 연결시킬 수 있는지를 알려면, 홍성철, "전도학"「복음주의실천신학개론」(서울: 도서출판세복, 1999), 146-148을 참조하라.

81) 예수님의 십자가는 단지 죄인을 위한 십자가뿐만이 아니었다. 그 십자가는 하나님을 위한 십자가이기도 하였다. 하나님을 기쁘게 해드리는, 그리고 하나님께 절대적인 순종의 표시였던 십자가였다. 이에 대해서는, 하도균, 「십자가」, 147-150을 참조하라.

82) 이것은 십자가가 내포하고 있는 이중적인 의미와 관계있다. 십자가는 세상을 향한 예수님의 사랑, 하나님의 사랑의 표시이지만, 동시에 죄에 대한 하나님의 심판의 의미를 함께 내포하고 있다. 이에 대해서는, 하도균, 「십자가」130-142를 참조하라.

83) 티머시 켈러, 「예수를 만나다」, 221-222를 참조하라.

84) Ibid., 222-223을 참조하라.

85) 성경은 이러한 예수님의 십자가 사건을 순종의 사건으로 나타낸다. "그가 아들이시라도 받으신 고난으로 순종함을 배워서 온전하게 되었은즉 자기를 순종하는 모든 자에게 영원한 구원의 근원이 되시고 하나님께 멜기세덱의 반차를 좇은 대제사장이라 칭함을 받았느니라"(히 5:8-10)

86) 박은조, 「십자가 없이 영광은 없다」(서울: 규장, 2012), 36-57을 참조하라. 진정한 십자가의 죽음 없이는 부활의 영광이 없음을 강조하고 있

다.

87) 예수님의 침묵의 방법을 온유함이라고 표현할 수 도 있을 것이다. 그렇게 보는 학자들도 있다. 주석자 매튜 헨리(Matthew Henry)는 "그는 자신을 변호함에 있어서는 어린양과 같았고, 하나님을 변호 함에 있어서는 사자와 같았다"라고 하였다. 온유와 침묵에 관해서는, Matthew Henry, *The Quest for Meekness and Quietness of Spirit*, (Morgan: Soil Deo Gloria, 1996), 101-102를 참조하라.

88) 티머시 켈러, 「예수를 만나다」, 154.

89) 구약의 5대 제사제도와 복음의 관계성을 연구하려면 다음을 참조하라. 한의택, 「성막과 절기를 알면 예수가 보인다」 (서울: 예루살렘, 2007), 65-79.

90) Ibid., 76. 레위기 5장 14절 – 6장 8절까지도 참조하라.

91) 제자원 편, 「옥스포드 원어성경대전, 이사야 45-56a」, 477.

92) 여기에 대해서는, 김남준, 「메시아, 고난과 영광」, 248-251을 참조하라.

93) 이 씨앗이 가지고 있는 무한한 가능성은 하나님께서 아브라함에게 약속하신 것에서 찾아볼 수 있다. 하나님은 아브라함의 혈통에서 후손을 약속하였는데, 100세에 낳은 이삭을 시작으로 출애굽에서는 장정만 60만이 되는 한 민족을 형성하게 하셨다. 그 후로도 약속하신 후손은 지속적으로 번창하였고, 급기야는 그 씨에서 메시아가 나오게 하셨다. D. A. 카슨, 팀

켈러 편, 『복음이 핵심이다』, 93-94를 참조하라.

94) 김세윤, 『칭의와 성화』, 174-176을 참조하라.

95) Esward J. Young, *The Book of Isaiah*, vol. 3., (Grand Rapids: Eerdmans Publishing Co., 1996), 344. 메시아가 가르치시는 지식이 세상에게 그리스도의 의를 전가시키는 방법이 됨을 서술하고 있다.

96) 제자원 편, 『옥스포드 원어성경대전, 이사야 45-56a』, 477.

97) Ibid. 이 내용은, 찰스 스펄전, 『십자가, 승리의 복음』, 391-413을 참조하면 더 자세히 알 수 있다.

98) 생명과 사망과 관한 이야기는, 조병호, 『진정한 부흥 로마서』, 81-94를 참조하라.

99) 홍성철, 『복음을 전하세』 (서울: 도서출판 세복, 2007), 95-97을 참조하라.

100) 김남준, 『메시아, 고난과 영광』, 309.

101) 이 내용에 관하여는 다음의 책을 참조하라. 하도균, 『현재적 하나님 나라와 이를 위한 영적전투』 (서울: 베드로서원, 2013), 160-176.

참고문헌

영문서적

Genesis, Claus Westermann. *1-11: A Commentary*. tr. John Scullion Minneapolis, MN: Augusbury Publishing House, 1984

Hendriksen, William. *The Gospel according to John*. 5th ed., vol.4 of New Testament Commentary. Grand Rapid, MI: Baker Book House, 1972.

Henri, J. M. *The Wounded Healer: ministry in contemporary Society*. New York: A Division of Doubleday & Co. Inc., 1972.

Henry, Matthew. *The Quest for Meekness and Quietness of Spirit*. Morgan: Soil Deo Gloria, 1996.

Hoekema, Anthony A. *Created in God's Image*. Grand Rapids, MI: Eerdmans Publishing Co., 1986.

Irenaeus. *Adversus Haereses*. Philadelphia: Westminster Press, 1953.

Koehler, Ludwig & Baumgartner, Walter Lexicon in *Veteris Testamenti Libros*. Leden: E. J. Brill, 1958.

Oden, Thomas C. *The Living God. Systematic Theology*. vol.1. San Francisco, CA: Harper & Row, Publishers, 1987.

Packer, James I. "*An Evangelical View of Progressive Revelation*," in Evangelical Roots. ed. Kenneth Kantzer Nashville, TN: Thomas Nelson Inc., Publishers, 1978.

Schurb, Ken. "Sixteenth-Century Lutheran-Calvinist Conflict on the Protevangelium," Concordia Theological Quarterly. vol.54 no.1 Jan. 1990.

Young, Esward J. *The Book of Isaiah*. vol. 3., Grand Rapids: Eerdmans Publishing Co., 1996.

번역서적

뉴비긴, 레슬리. "1세기 이스라엘에 대한 이해" 「변화하는 세상 변함없는 복음」. 홍병룡 역. 서울: 아바서원, 2014.
드리스콜, 마크., 브레셔스, 게리. 「예수 그리스도」. 소을순 역. 서울: 부흥과 개혁사, 2012.
라이케, 보. 「신약성서시대사」. 번역실 역. 서울: 한국신학연구소, 1991.
래드, 조지. 「하나님나라」. 원광연 역. 서울: 크리스챤다이제스트, 2005.
머리, 데이비드. 「구약 속 예수」. 조계광 역. 서울: 생명의말씀사, 2014.
머리, 비슬리. 「W.B.C. 요한복음」. 이덕신 역. 서울: 솔로몬, 1990.
맥캔, 클린턴. 「현대성서주석: 사사기」. 오택현 역. 서울: 한국장로교출판사, 2010.
오스왈드, 존. 「NICOT-이사야」. 이용중 역. 서울: 부흥과개혁사, 2016.
와일리, 오톤. 「웨슬리안 조직신학」. 전성용 역. 서울:세복, 2002.
월터스, 알버트. 「창조 타락 구속」. 양성만, 황병룡 역. 서울: IVP, 2013.
웨함, 고든. 「레위기」. 김귀탁 역. 서울: 부흥과 개혁사, 2014.
소여, 존 F. A. 「제5복음서」. 김근주 역. 고양: 크리스챤다이제스트, 2003.
스나이더, 하워드. 「하나님 나라의 모델」. 이철민.이승학 역. 서울: 두란노, 1999.
스토트, 존. 「그리스도의 십자가」. 황영철.정옥배 역. 서울: IVP, 1992.
스펄전, 찰스. 「십자가, 승리의 복음」. 송용자 역. 서울: 지평서원, 2002.
워서, 폴. 「복음」. 조계광 역. 서울: 생명의 말씀사, 2013.
존스, 마틴 R. 「로마서 강해 (3)」. 서문강 역. 서울: 기독교문서선교회, 1991.
카슨, D. A., 켈러, 팀. 「복음이 핵심이다」. 최요한 역. 서울: 아가페북스, 2011.
캘러, W. Phillip. 「양과 목자」. 김만풍 역. 서울: 생명의말씀사, 1978.
켈러, 티머시. 「예수를 만나다」. 전성호 역. 서울: 베가북스, 2014.
테니, 메릴 C. 「신약개론」. 국제신학연구원 역. 서울: 서울말씀사, 2007.
패커, 제임스 I. 「하나님을 아는 지식」. 정옥배 역. 서울: IVP, 2001.

프린스, 데릭. 「속죄」. 김유태 역. 서울: 순전한나드, 2010.
헨리, 매튜. 「매튜헨리주석-이사야」. 박문재 역. 서울: 크리스찬다이제스트, 2008.
랭, J. Stenphen. 「바이블 키워드」. 남경택 역. 경기: 도서출판 들녘, 2007.
홀, Cavin S., Nordby, Vernon J. 「융 심리학 입문」. 김형섭 역. 서울: 문예출판사, 2004.

한글서적

김남준. 「구원과 하나님의 계획」. 서울: 부흥과 개혁사, 2004.
_____. 「메시아, 고난과 영광」. 서울: 생명의말씀사, 2000.
김성원. 「구원의 허리를 동이고」. 서울: 꽃자리, 2014.
김세윤. 「구원이란 무엇인가」. 서울: 두란노 아카데미, 2008.
_____. 「복음이란 무엇인가」. 서울: 두란노아카데미, 2003.
_____. 「칭의와 성화」. 서울: 두란노, 2013.
김의원. 민영진. 「성서주석: 사사기/룻기」. 서울: 대한기독교서회, 2007.
김재신. 「성경의 인간학」. 서울: 예영커뮤니케이션, 2007.
김창영. 「교회용어사전」. 서울: 생명의말씀사, 2013.
김찬호. 「모멸감」. 서울: 문학과 지성사, 2015.
로고스 편. 「히브리어, 헬라어 사전」. 서울: 로고스, 2014.
박수암. 「마가복음」. 서울:대한기독교서회, 1993.
박은조. 「십자가 없이 영광은 없다」. 서울: 규장, 2012.
배본철. 「성령, 그 위대한 힘」. 서울: 넥서스, 2014.
배재욱. 「생명」. 서울: 대한기독교서회, 2010.
서형섭. 「복음에서 생명으로」. 경기: 이레서원, 2013.
성결교회신학연구위원회 편. 「성결교회신학 (상)」. 서울: 기독교대한성결교회출판부, 2007.
제자원 편. 「옥스포드원어성경대전, 로마서 1-8장」. 서울: 제자원 바이블네트, 2006.

_____. 「옥스포드원어성경대전, 이사야 45-56a」. 서울: 제자원 바이블네트, 2006.
조병호. 「진정한 부흥, 로마서」. 서울: 생명의말씀사, 2010.
최종진. 「구약성서개론」. 서울: 소망사, 2005.
하도균. 「십자가」. 서울: 베드로서원, 2012.
_____. 「전도바이블」. 고양:도서출판 예수전도단, 2014.
_____. 「현재적 하나님 나라와 이를 위한 영적전투」. 서울: 베드로서원, 2013.
홍성철. 「복음을 전하세」. 서울: 도서출판 세복, 2007.
_____. "원형복음." 「교수논총」. 부천: 서울신학대학교, 2000.
_____. "전도학." 「복음주의실천신학개론」. 서울: 도서출판세복, 1999.
_____. "중생의 비밀." 「복음전도의 성경적 모델」. 서울: 도서출판 세복, 2002.
_____. 「진흙 속에서 피어난 백합화」. 서울: 도서출판 세복, 2015.
한영태. 「웨슬레의 조직신학」. 서울: 성광문화사, 1994.
한의택. 「성막과 절기를 알면 예수가 보인다」. 서울: 예루살렘, 2007.

기타

「합동 헤럴드」 "예수 그리스도, 그 이름의 능력과 권세", 2015년 9월 13일
http://www.hdherald.com/news/articleView.html?idxno=843